AF459693

PETIT

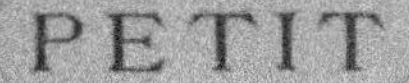

Traité d'Harmonie

OU

Leçons élémentaires et pratiques

pour accompagner le Plain-Chant

à la portée des Commençants

PAR

LOUIS MÜLLER

Maître de Chapelle du Collège Stanislas

Prix net 6f

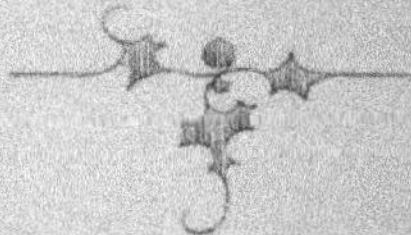

à Paris chez MARCEL COLOMBIER Editeur, 85, Rue de Richelieu,
et chez JOCHEM Editeur, 48 Rue St Placide
Propriété

1880

PRÉFACE.

L'ouvrage que nous publions sous ce titre: «Petit traité d'harmonie ou Leçons élémentaires et pratiques pour accompagner le plain-chant» est, en grande partie, la reproduction des leçons d'harmonie données à des élèves qui prennent une part active au chant des offices religieux.

La plupart de ces élèves nous ont témoigné le désir de posséder un résumé du cours qu'ils ont suivi, afin d'avoir un guide facile et sûr pour s'élever à des études plus étendues et plus complètes, ou pour se former à la bonne tenue d'un office religieux, par la variété des harmonies et par le choix des formules les mieux appropriées et les plus naturelles.

L'élève qui veut se servir utilement de ce petit traité doit connaître les principes de solfège et avoir quelque habitude du piano; sans cette préparation, il lui serait impossible de déchiffrer et d'exécuter la série des accords.

L'ouvrage est divisé en deux parties.

La première ne traite que des harmonies consonnantes (l'accord parfait, majeur et mineur et celui de sixte), seules admises dans l'accompagnement du plain-chant.

Toute autre combinaison d'accords produirait un aspect nouveau et nuirait à la forme d'unité tonale dont le caractère doit être maintenu dans son entier.

Nous recommandons l'étude des leçons de cette 1re partie dans l'ordre où elles se trouvent, car les matières s'y enchaînent de telle sorte qu'il faut avoir bien compris une leçon avant de passer à celle qui suit.

Quant à l'accord de quarte et sixte, exclu de l'accompagnement du plain-chant, il a dû être traité, ainsi que l'accord de quinte diminuée, comme conséquence des éléments premiers d'harmonie.

Nous ne saurions trop insister sur la nécessité et sur l'utilité qu'il y a d'étudier à fond l'enchaînement des accords consonnants, majeurs et mineurs, et de s'exercer sur ce point.

Bien des secrets y sont cachés que l'élève, nouveau dans l'art musical, découvrira quand il arrivera au chapitre de la réalisation des accords.

Cette première partie est la plus indispensable de l'ouvrage: tout ce qui est généralement pratiqué en dehors d'une étude régulière tourne à la routine et demeure bientôt frappé de stérilité.

Dans le plain-chant, nous avons pris franchement pour base les échelles anciennes.

Toute notre harmonie (1re manière), soit dans les formules, soit dans les mélodies réalisées, repose sur ce fondement, bien différent du système moderne.

Nos lecteurs, peu au courant de la théorie que

nous exposons, dans une note qui précède nos leçons de plain-chant, trouveront les explications et les développements nécessaires dans les livres que nous leur recommandons. Ils y trouveront également, avec la réponse à tous leurs doutes, les formes harmoniques les plus propres à chaque mode et leur application dans la pratique.

Les principes que nous avons adoptés ont été appliqués, dans la pratique, *par cinq ou six cents voix.*

Nous sommes heureux de déclarer que nous n'avons rencontré dans cette masse de voix aucune perturbation.

Notre accompagnement les a ramenées au ton naturel, tel qu'il figure dans l'échelle du mode, et grande fut notre surprise, quand tous les élèves nous ont demandé le rétablissement des notes naturelles dans tous les modes, si sujets à de vaines contestations.

Tout devient aisé, si l'on a le courage de revenir au principe fondamental.

Notre seconde partie est toute musicale et renferme des éléments d'une autre nature que ceux de la première partie.

Nous n'avons voulu aller au-delà de l'accord de 7.e et de ses dérivés, parceque nous avons eu l'intention de nous adresser à des élèves et non de composer un traité complet d'harmonie.

Du reste, l'accord parfait et celui de septième composent, avec leurs dérivés, toute l'harmonie naturelle; toutes les autres agrégations harmoniques ne sont que des modifications de celles-là.

La modulation a été traité dans une mesure assez étendue pour assurer à tout élève studieux un facile et rapide succès.

L'accord de 7.e, avec ses trois dérivés, se montrera suffisamment avec ses qualités propres d'accord attractif.

Les exercices de modulation ont aussi été surabondamment traités; nous en offrons près de 260, sans compter les modulations aux tons éloignés. Ces exercices sont suivis de 126 préludes, spécialement pour harmonium, instrument le plus répandu dans les chapelles et petites églises.

La collection de morceaux de musique comprendra un ensemble de cent motifs faciles, gradués et variés.

L'ouvrage convient spécialement aux établissements où l'enseignement musical est d'obligation. Il peut être suivi dans un cours supérieur de solfège, par des jeunes gens qui désirent être initiés aux 1.ers éléments de musique d'harmonie.

« Notre but, nous l'avons dit nettement, n'est pas « d'offrir aux élèves un traité complet d'harmonie « et de plain-chant; c'est ce qui explique pourquoi « bien des questions qui touchent à la matière n'ont « pas même été mentionnées. »

Paris, le 14 Août 1880.

NOTIONS PRÉLIMINAIRES.

L'harmonie a pour but d'apprendre à accompagner un chant, une mélodie quelconque; elle comprend, avant tout, la science des accords.

On appelle accord, l'émission simultanée de deux ou de plusieurs sons.

Tout accord, composé d'intervalles consonnants, est appelé accord consonnant.

Un intervalle est consonnant, quand les sons qui le composent s'accordent harmonieusement et offrent le sentiment du repos; l'intervalle est dissonant, quand l'un des sons dont il est composé fait choc avec l'autre, directement ou indirectement, comme *ut* et *ré* ou *ré* et *ut*.

Les tierces majeures et mineures, leurs renversements, les sixtes majeures et mineures, la quinte, l'octave et leurs renversements sont des intervalles consonnants.

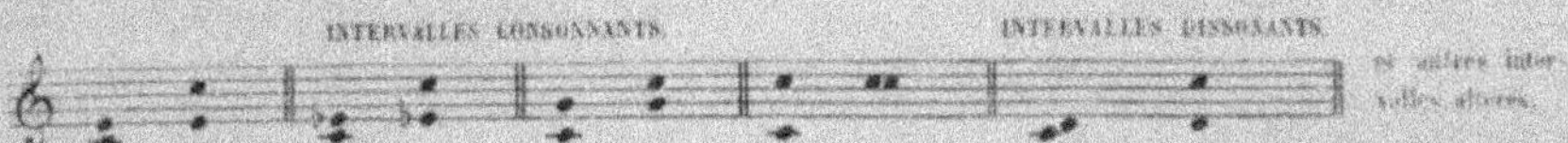

Un accord consonnant, formé d'un son fondamentid, de sa tierce, de sa quinte et, pour 4e son, le plus souvent de son octave, se nomme accord parfait.

Les accords se forment de tierce en tierce, en montant.

ACCORDS DE TROIS SONS SUR LES SEPT DEGRÉS DE LA GAMME MAJEURE.

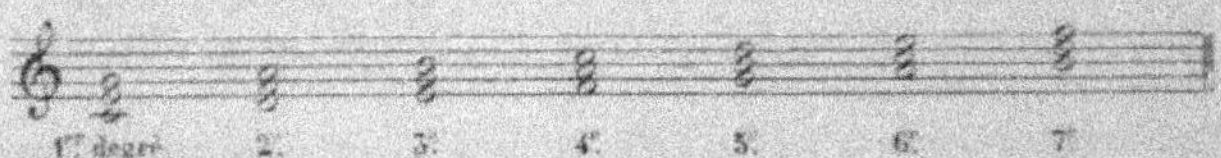

La gamme majeure présente sept accords, résultant de la superposition des tierces sur chacun des sons dont elle se compose.

Ces accords ont chacun un caractère propre, qu'ils tiennent de leur position dans la gamme et des intervalles dont ils sont composés. La 1re tierce de chaque accord en détermine le mode, c'est-à-dire rend l'accord majeur ou mineur, suivant que cette tierce est majeure ou mineure. (La tierce majeure est composée de deux tons, et la tierce mineure d'un ton et d'un demi-ton.)

NATURE DES INTERVALLES DONT SE COMPOSENT LES ACCORDS SUR LES SEPT DEGRÉS.

Le 1er degré amène une tierce majeure et une quinte juste
le 2e d° mineure d°
le 3e d° mineure d°
le 4e d° majeure d°
le 5e d° majeure d°
le 6e d° mineure d°
le 7e d° mineure et une quinte diminuée (ou mineure.)

Toutes les quintes sont justes c'est-à-dire d'égale composition de degrés, excepté celle sur le 7e degré.

1er degré ou Accord de tonique,	2e de Sus-tonique,	3e de Médiante,	4e de Sous-dominante,	5e de Dominante,	6e de Sus-dominante,	7e de Sensible ou de Quinte diminuée

La gamme majeure donne trois accords parfaits majeurs, sur le 1er, 4e et le 5e degré, et trois accords parfaits mineurs, sur le 2e, 3e et 6e degré.

L'accord, sur le 7e degré, n'ayant pas de quinte juste, prend le nom d'accord de quinte diminuée.

1re LEÇON.

ACCORD PARFAIT.

On appelle *Position*, l'ordre dans lequel sont disposés les intervalles d'un accord au-dessus de sa note fondamentale.

Il y a trois positions:

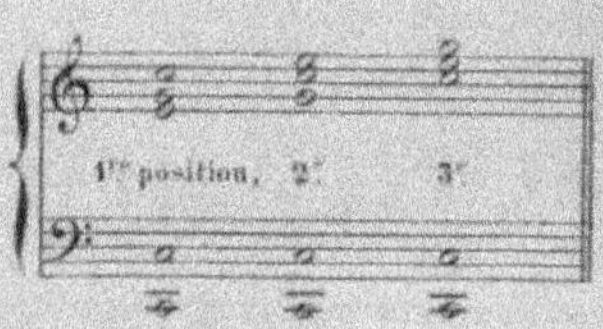

La 1re position donne l'octave à la partie supérieure;
la 2e » la tierce »
la 3e » la quinte »
Les mêmes accords peuvent être écrits et exécutés à une 8ve inférieure ou supérieure.

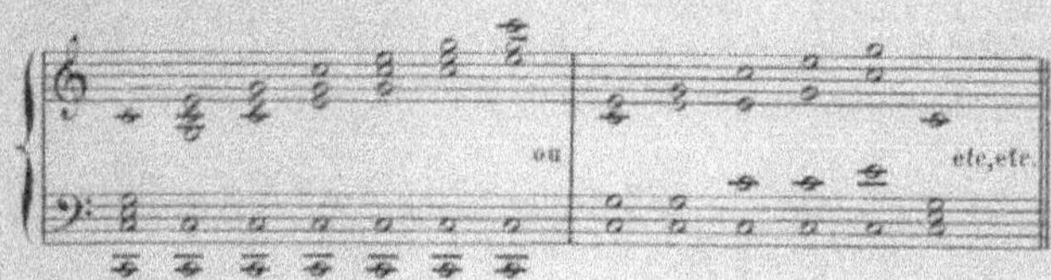

Tous les accords de la gamme peuvent figurer dans les 3 positions d'après le modèle précédent.

PLAQUÉS

1re 2e 3e | 1re 2e 3e | 1re 2e 3e | 1re 2e 3e | 1re 2e 3e | 1re 2e 3e | 1re 2e 3e

ou BRISÉS.

1re 2e 3e | 1 2 3 | 1 2 3 | 1 2 3 | 1 2 3 | 1 2 3 | 1 2 3

EXERCICES PRATIQUES.

L'ACCORD PARFAIT, MAJEUR ET MINEUR AUX TROIS POSITIONS DANS TOUS LES TONS.

(Ces exercices devront être joués lentement, pour que chaque accord, dans les 3 positions, soit articulé franchement.)

Nous ne craignons pas de multiplier les exercices après chaque leçon. Placés dans un ordre logique, ils conduisent au but plus vite et plus facilement qu'une longue théorie. Est-il nécessaire de faire observer que le travail assidu et l'analyse approfondie des formules, à partir des plus simples jusqu'aux plus compliquées, sont toujours une condition indispensable du succès?

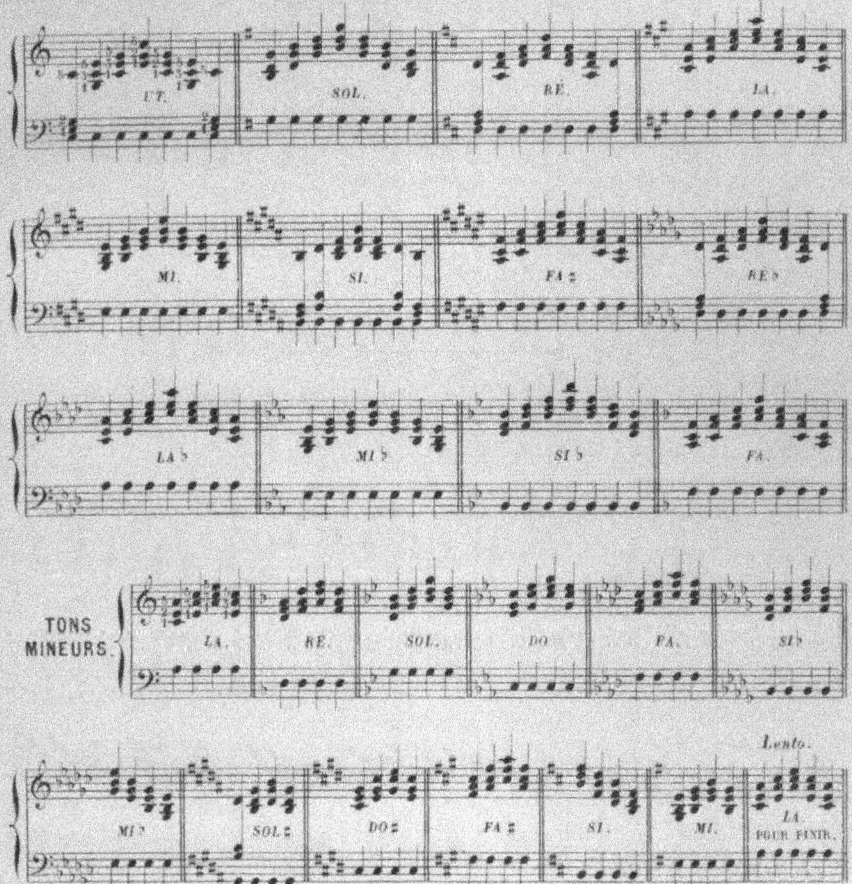

2e LEÇON.

L'ACCORD PARFAIT SUR LA TONIQUE ET LA DOMINANTE AUX 3 POSITIONS DANS TOUS LES TONS.

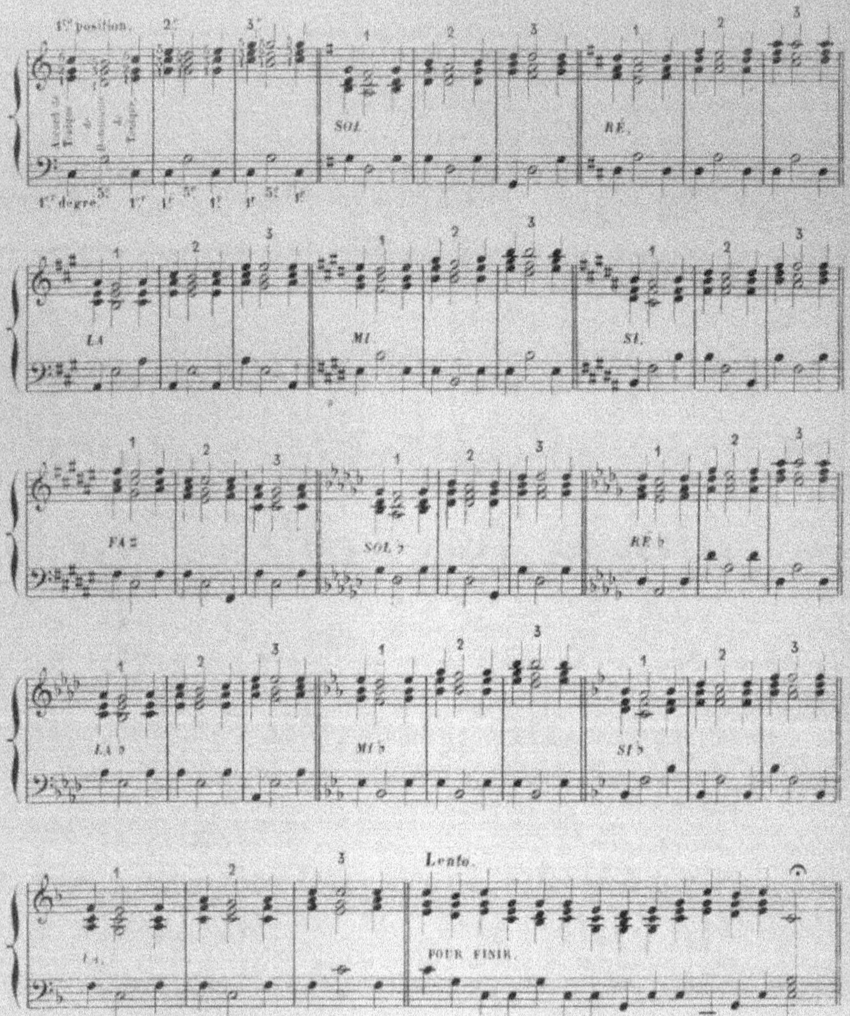

L'ACCORD PARFAIT MAJEUR, SUR LA TONIQUE LA SOUS-DOMINANTE ET LA DOMINANTE
AUX TROIS POSITIONS DANS TOUS LES TONS

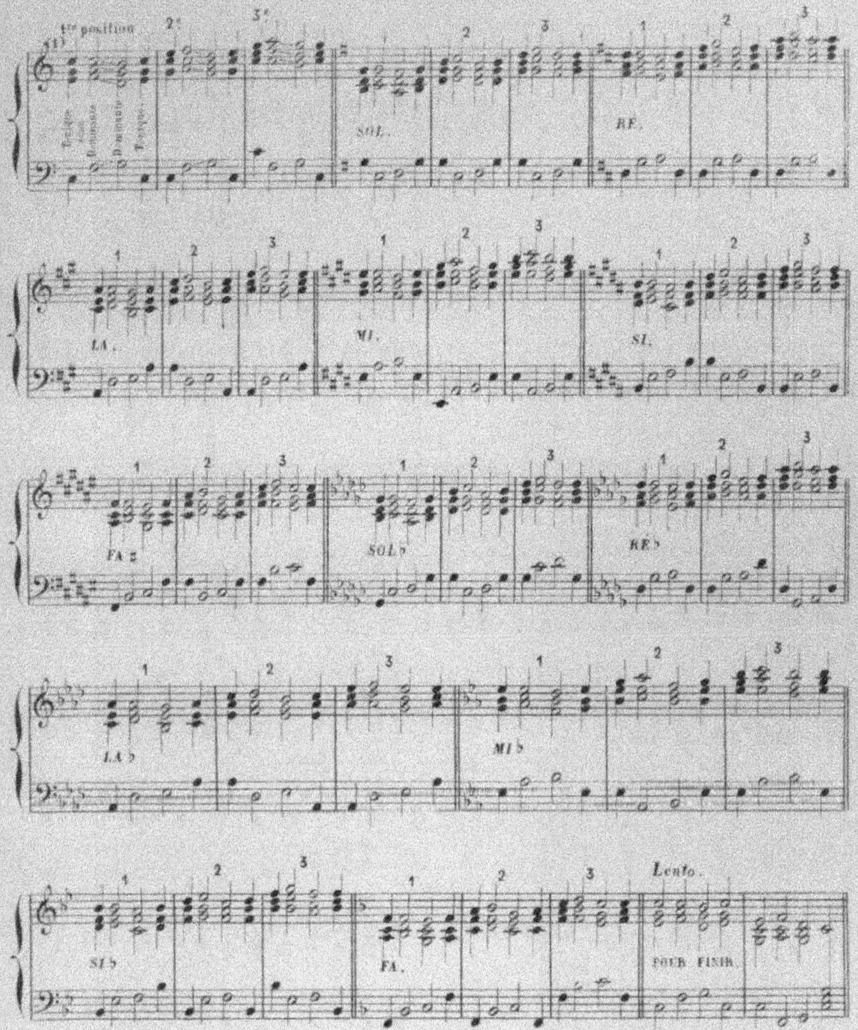

(1) Les deux accords sur la sous-dominante et la dominante ou sur les 4e et 5e degrés, se succèdent par une marche contraire.

LES TROIS ACCORDS PARFAITS MAJEURS et L'ACCORD PARFAIT MINEUR SUR LE 6e DEGRÉ (SUS-DOMINANTE) DANS TOUS LES TONS.

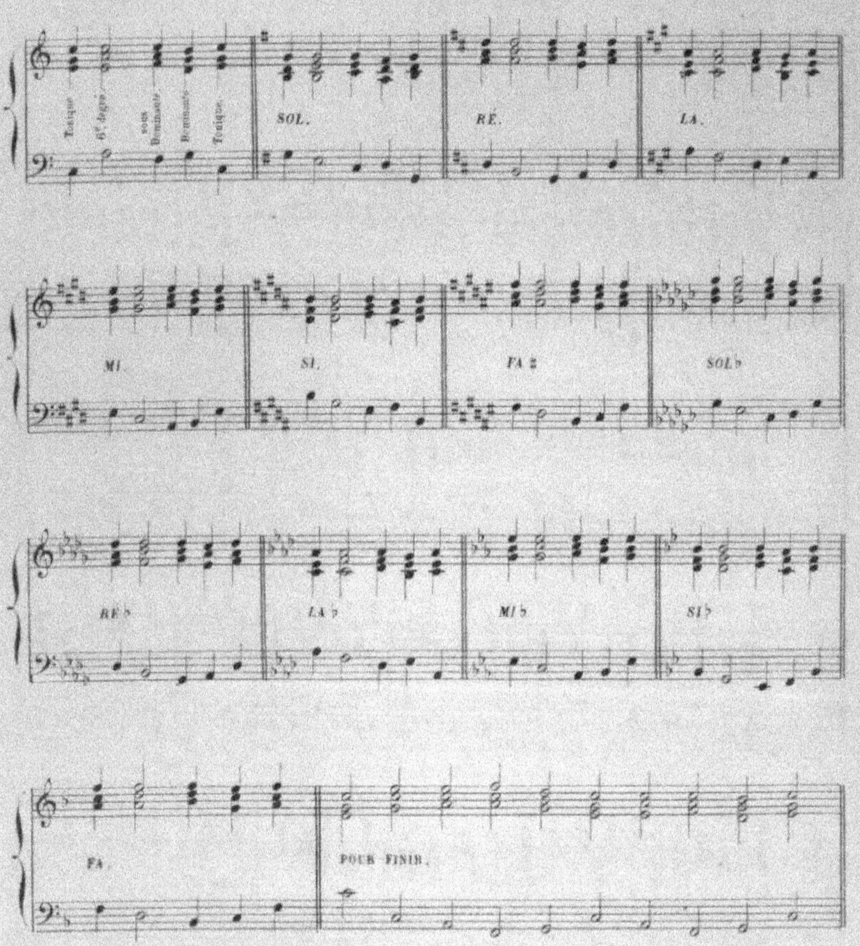

Il serait utile de pratiquer cette formule aux trois positions.

L'ACCORD PARFAIT MINEUR SUR LE 2e DEGRÉ AUX 1res et 2es POSITIONS.

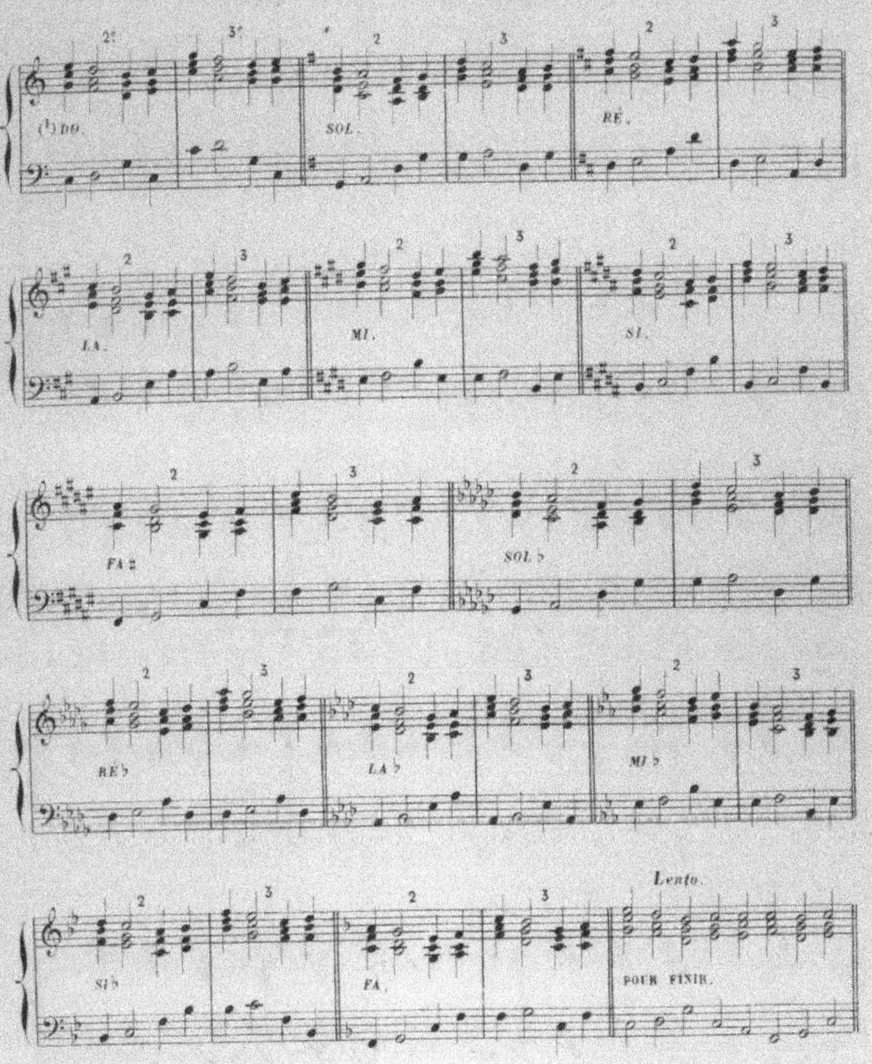

(1) Cette formule n'admet que deux positions.

ACCORDS PARFAITS MAJEURS AVEC L'ACCORD MINEUR SUR LE 3e DEGRÉ.

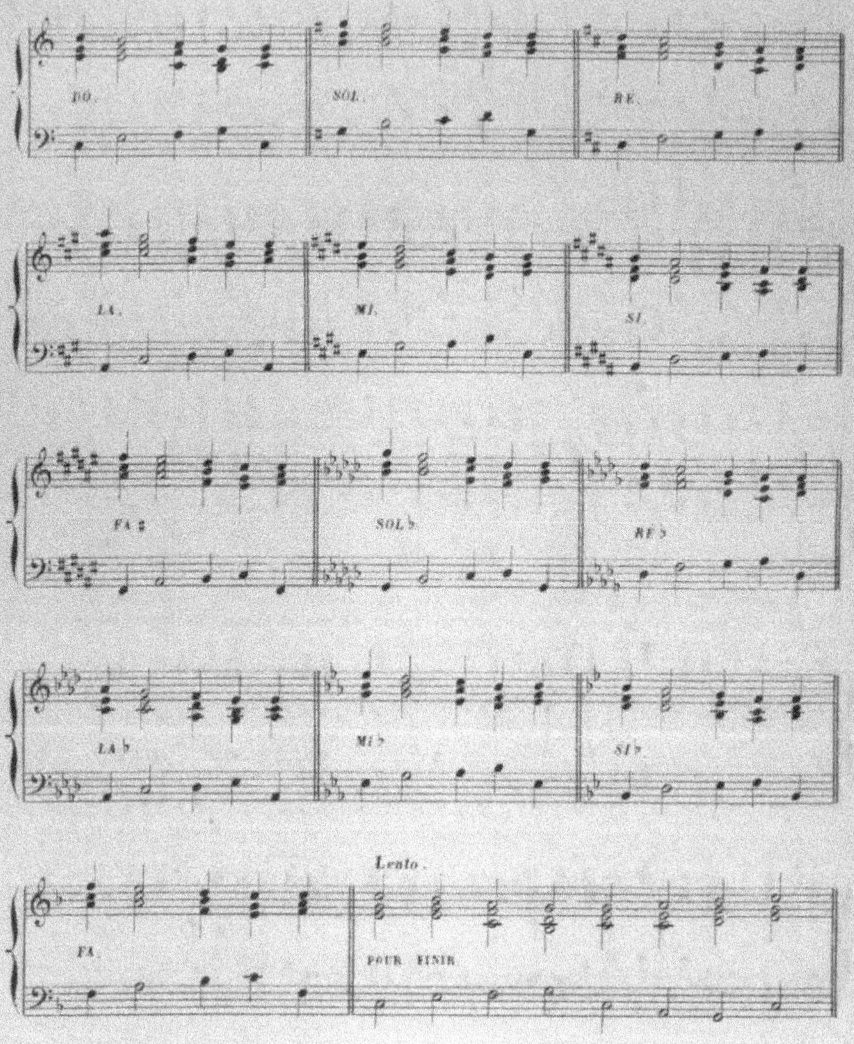

EXERCICES PRATIQUES SUR L'ACCORD PARFAIT MAJEUR ET MINEUR

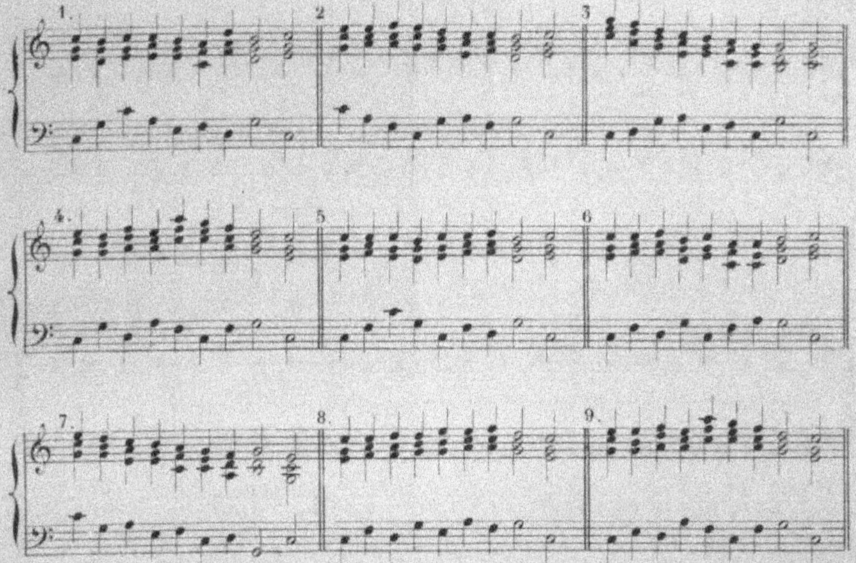

Compléter les accords indiqués par la basse. La reproduction écrite des leçons d'après l'unique donnée des basses est la plus sûre garantie d'acquérir, en peu de temps, les notions les plus utiles et les plus nécessaires de l'art de l'accompagnement.

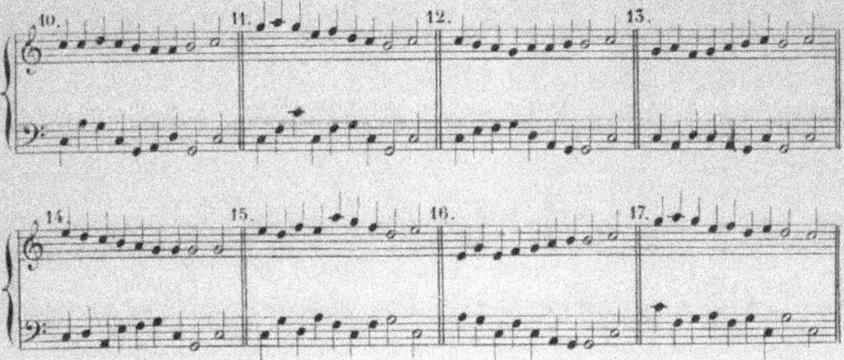

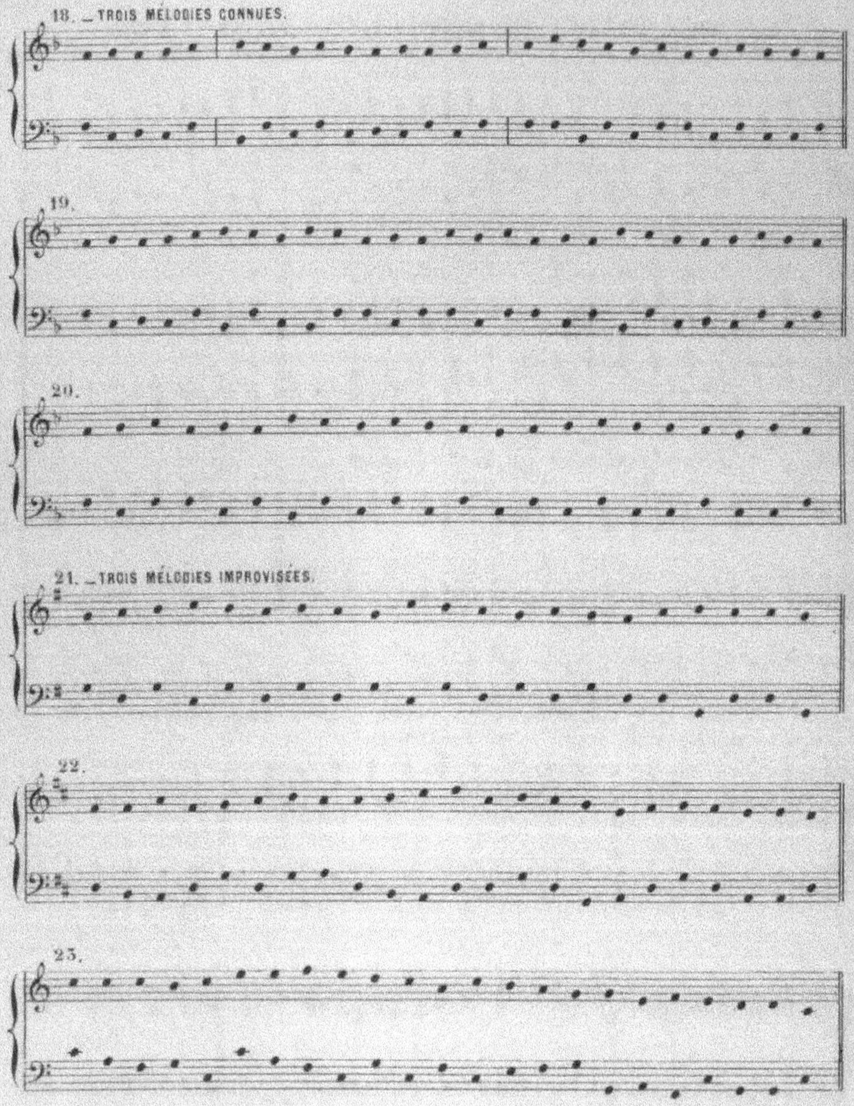
18. _TROIS MÉLODIES CONNUES.
19.
20.
21. _TROIS MÉLODIES IMPROVISÉES.
22.
23.

AUTRES MANIÈRES D'EMPLOYER LES ACCORDS PARFAITS PAR DEGRÉS DE SECONDE, DE TIERCE etc. etc.

Dans ces exercices, certains accords ont des notes doublées à l'octave, pour éviter les fautes d'octaves et de quintes consécutives; on les a disposées aussi de la sorte pour donner de l'extension aux parties qui les composent.

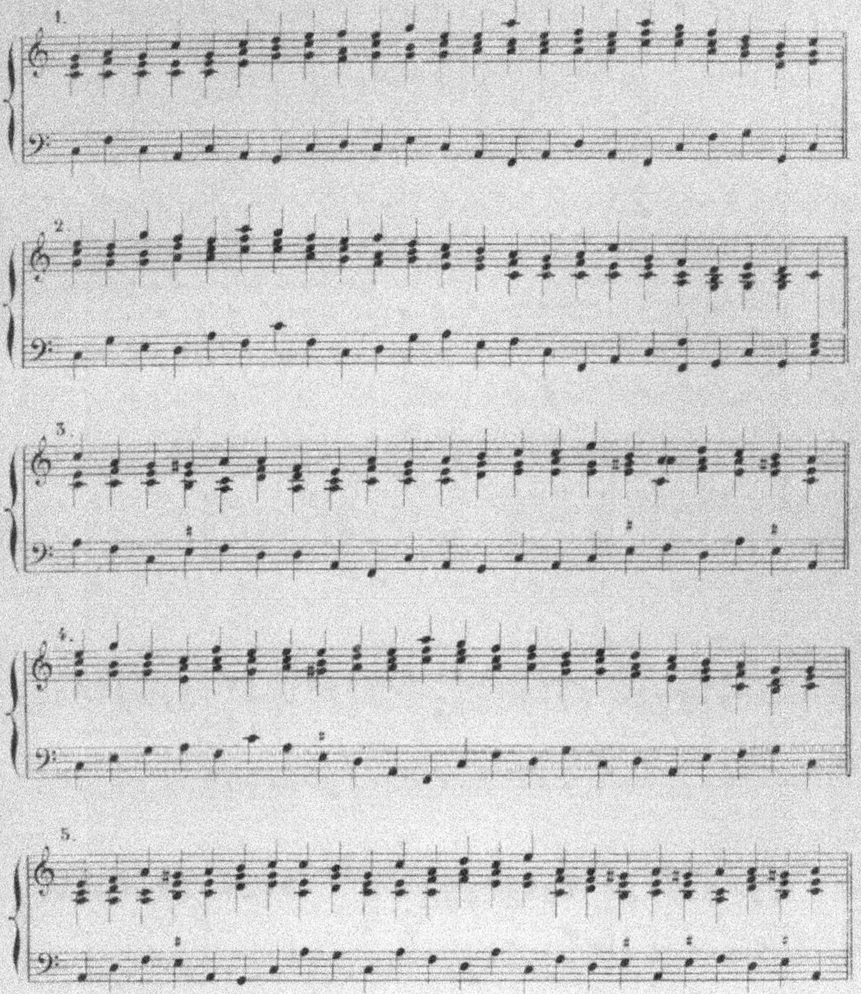

3e LEÇON.

DES DÉRIVÉS DE L'ACCORD PARFAIT.

L'accord parfait, étant fondamental, donne deux accords dérivés ou renversements. Le renversement d'un accord consiste à changer l'ordre des intervalles, qui entrent dans la composition de cet accord. Ce n'est plus le son fondamental qui se trouve à la basse.

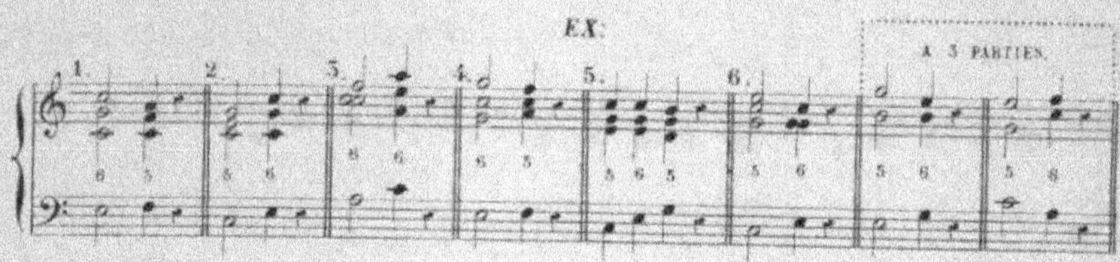

Le 1er renversement ou dérivé, ayant le 3e degré à la basse, avec sa tierce et sa sixte, est nommé *Accord de sixte*, et se chiffre par un 6.

Le 2d renversement ou dérivé, ayant le 5e degré à la basse avec sa quarte et sa sixte, est nommé accord de *quarte-sixte*, et se chiffre par $\frac{6}{4}$.

REMARQUE. A quatre parties, un des intervalles de l'accord de sixte doit être doublé, ou la basse, ou la tierce ou la sixte. Le choix de cet intervalle dépend de la position de l'accord qui précède ou qui suit l'accord de sixte.

EX:

A 3 PARTIES.

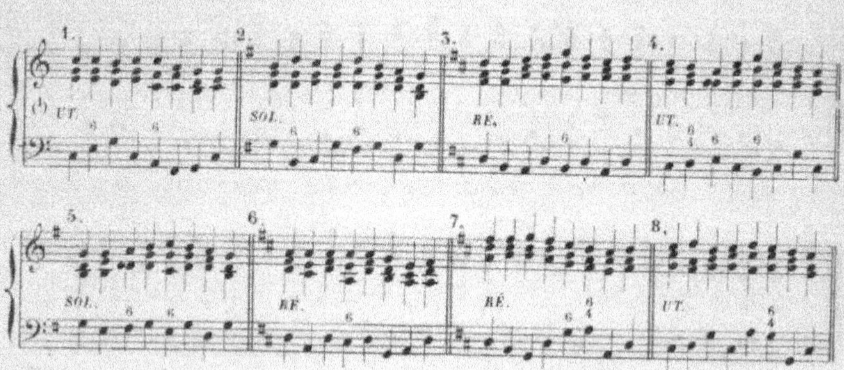

(1) Dans ces 20 Leçons, les dérivés de l'accord parfait sont seuls chiffrés.

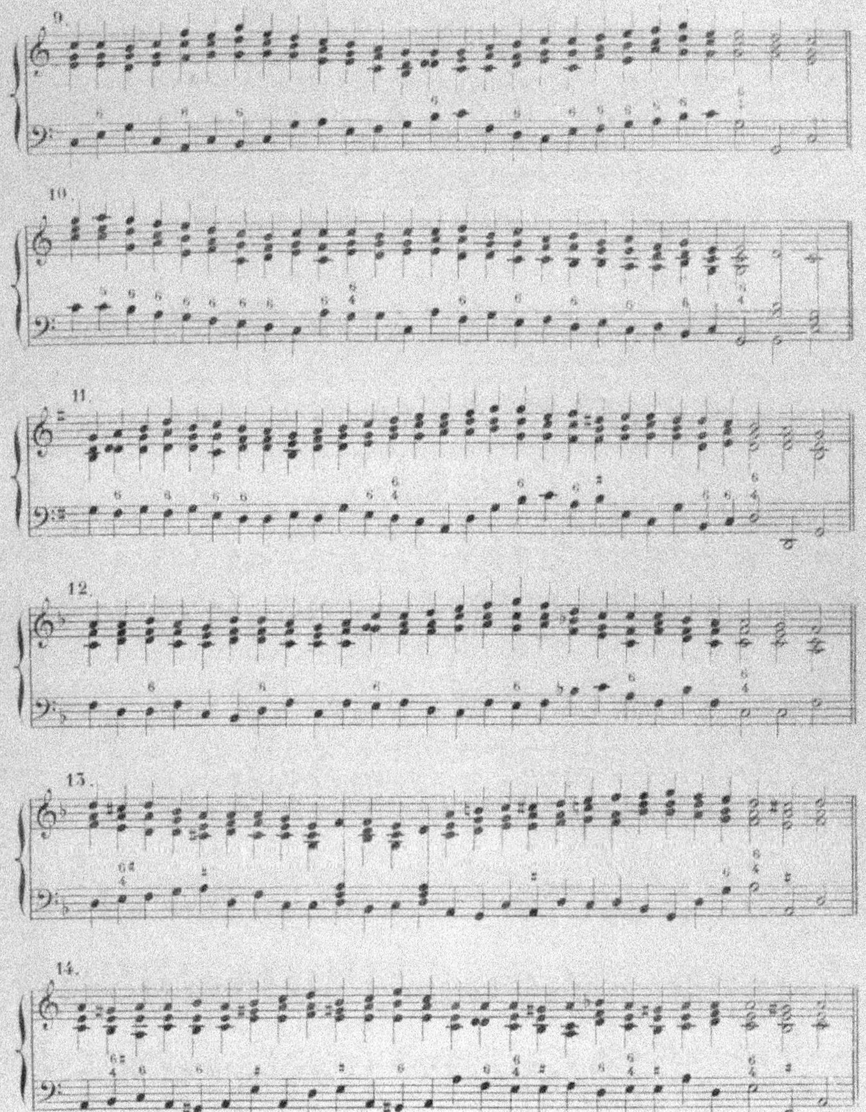
9.
10.
11.
12.
13.
14.

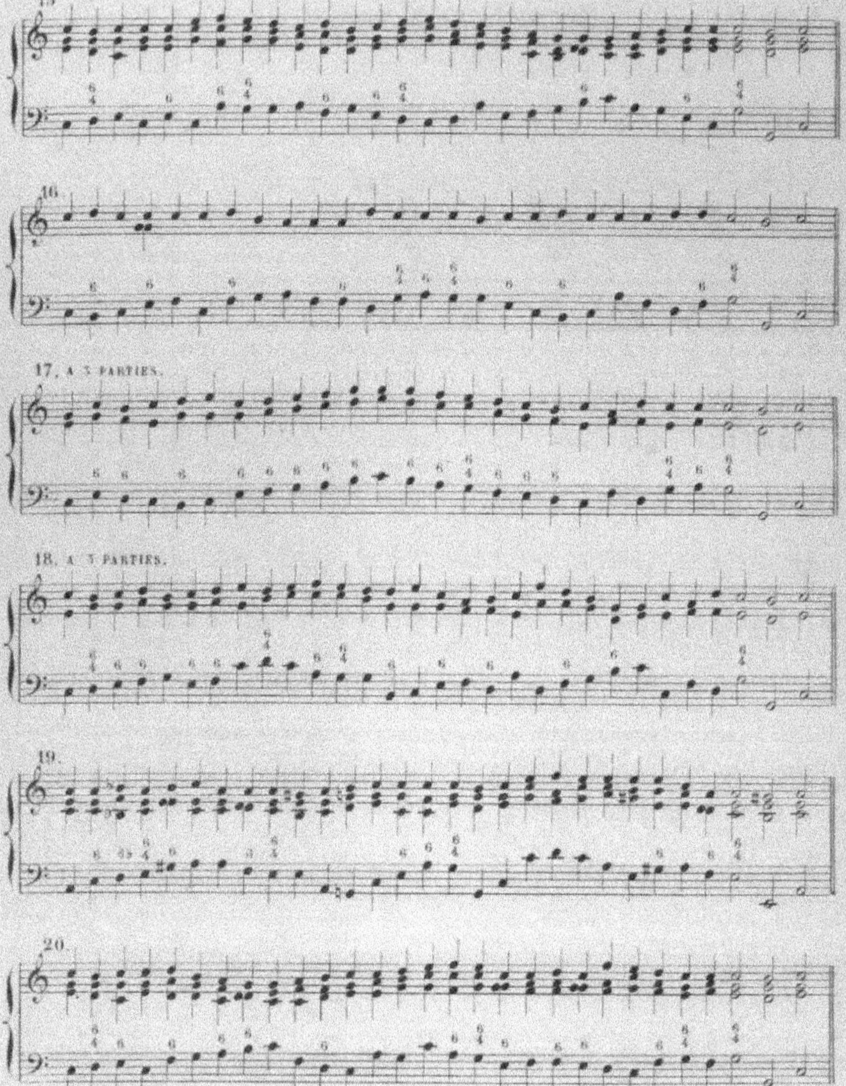
15
16
17. A 3 PARTIES.
18. A 3 PARTIES.
19.
20.

4e LEÇON.

ACCORD DE QUINTE DIMINUÉE

ET ACCORDS DE TROIS SONS SUR LES SEPT DEGRÉS DE LA GAMME MINEURE.

1 2 3 4 5 6 7

Les accords consonnants figurent sur le 1er 4e 5e et 6e degré, et ceux qui se trouvent sur le 5e et 6e degré sont des accords consonnants majeurs. Les accords dissonnants sont ceux des 2e 3e et 7e degrés.

L'accord de quinte diminuée, dont il n'a pas encore été question, est placé sur le 7e degré des 2 gammes et sur le 2e degré de la gamme mineure. Il est composé d'un son fondamental, de sa tierce et de sa quinte diminuée. Cet accord est le plus souvent employé dans le mode mineur. Il se chiffre par un 5 barré

L'accord de quinte diminuée représente celui de 7e dominante, sans fondamentale, qui est composé des mêmes sons. On en verra tout le développement dans notre seconde partie, quand on traitera, en détail, de l'accord de 7e dominante.

Dans la marche des accords, où il est momentanément assimilé aux accords parfaits, l'accord de quinte diminuée peut monter sans blesser l'oreille. Placé sur le 7e degré, on en double la tierce et rarement la basse; dans son 1er renversement, on double la tierce ou la basse, et, dans son 2d renversement, on double la sixte:

5 | Tierce doublée. | Basse doublée. | 6 | Tierce doublée. 6 | Basse doublée. 6 | 6 4 | Sixte doublée. 6 4

7e degré. | 1er renversement. | 2d renversement.

EXERCICES PRATIQUES SUR L'ACCORD DE QUINTE DIMINUÉE.

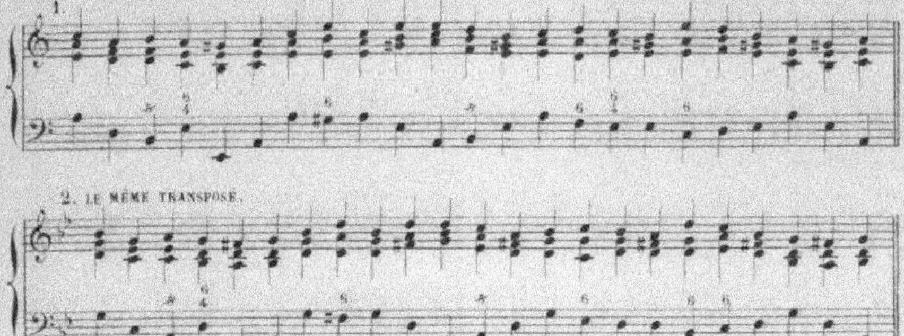

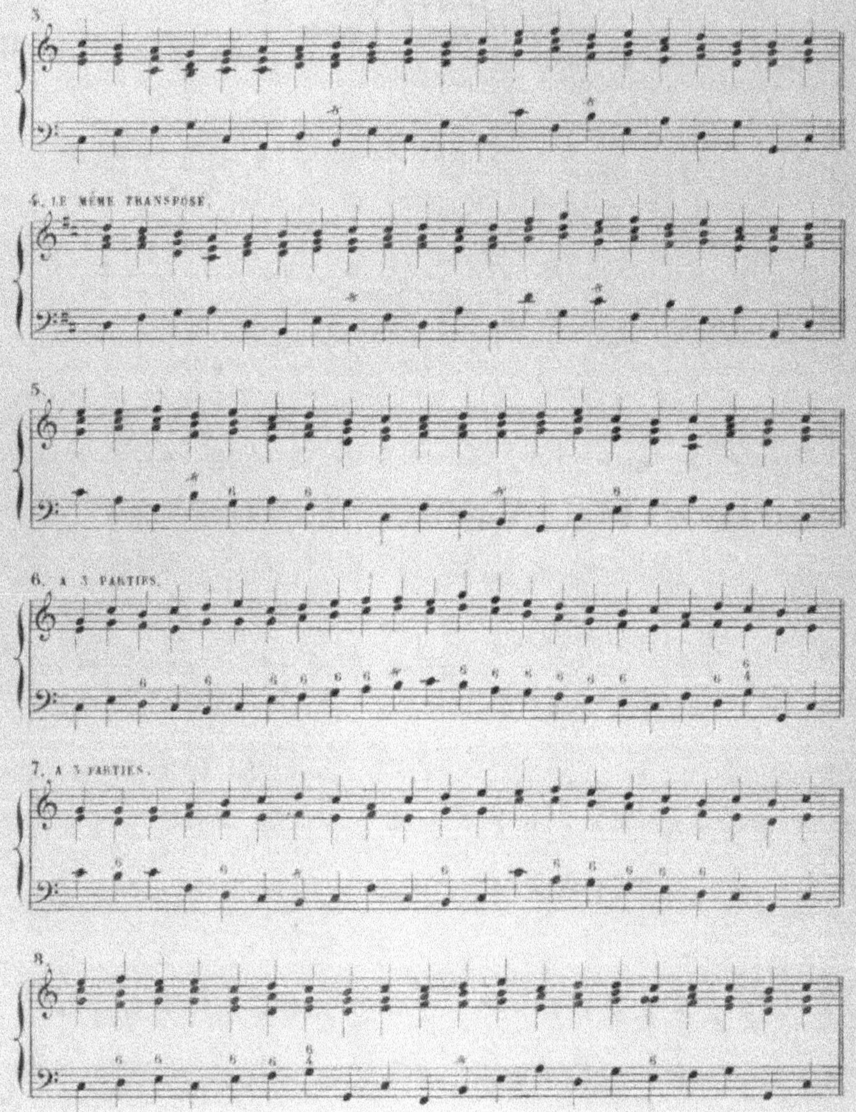
3.
4. LE MÊME TRANSPOSÉ.
5.
6. A 3 PARTIES.
7. A 3 PARTIES.
8.

RÉCAPITULATION.

Compléter, dans les portées supérieures, les accords indiqués aux différents numéros d'après les basses chiffrées seules. Il serait très-utile de faire exécuter chaque exercice dans plusieurs tons.

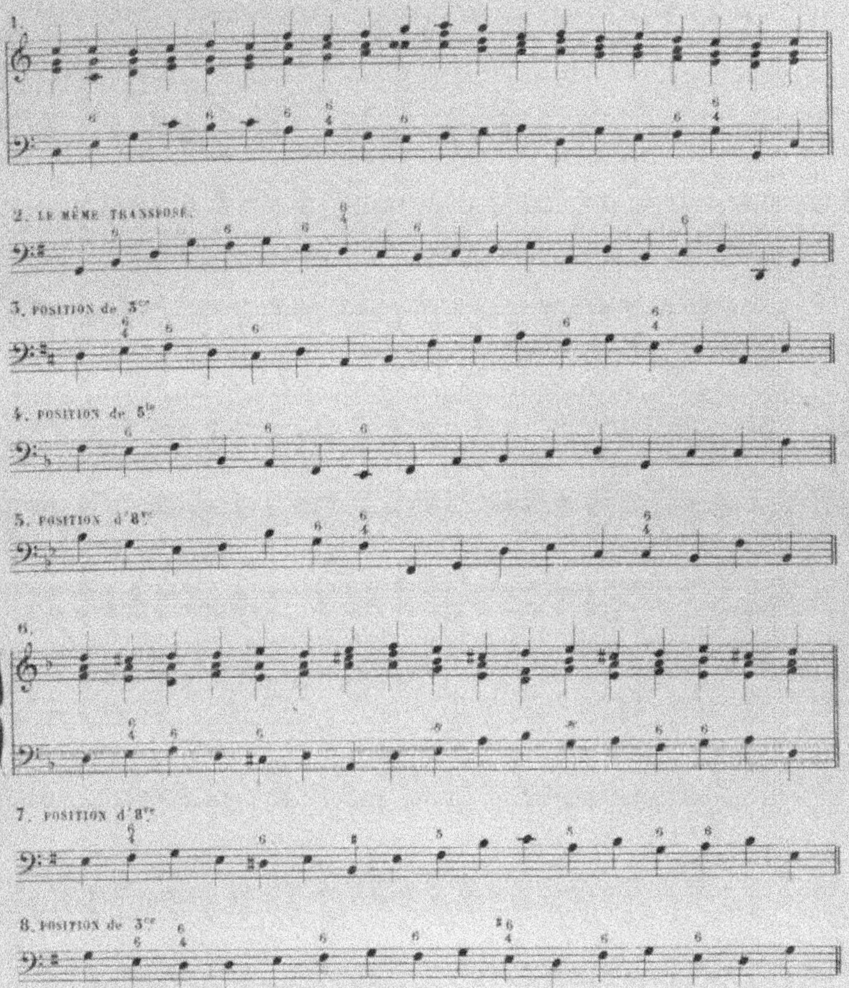

9. POSITION de 3ce

10. POSITION d'8ve

11. POSITION de 3ce

12. POSITION de 3ce

13. POSITION de 3ce

14.

15.

16. POSITION d'8ve

17.

DES CADENCES.

On appelle *Cadence*, une suite de deux ou de plusieurs accords, servant de terminaison à une phrase musicale ou d'établissement de ton.

Il y a plusieurs sortes de cadences: la cadence parfaite, la demi-cadence, la cadence interrompue, la cadence plagale. Nous donnons les formules des cadences avant les règles de la succession des accords; on comprendra mieux ces règles, lorsqu'on en aura fait l'application par cet exercice préparatoire.

La cadence parfaite fait son repos sur l'accord de tonique.

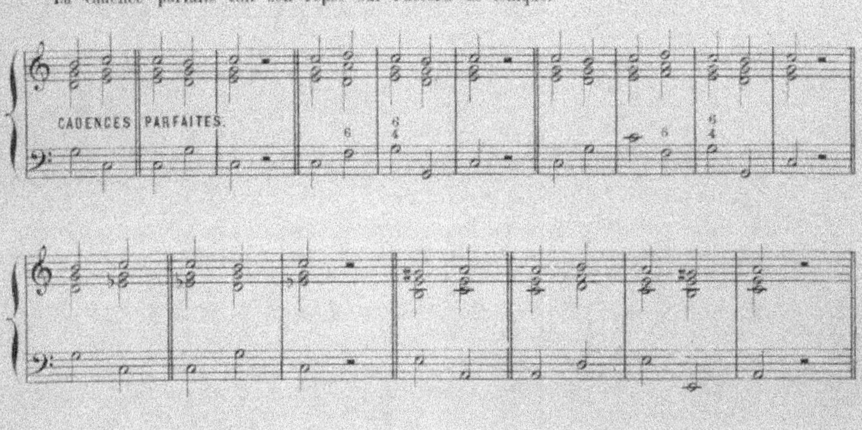

CADENCES PARFAITES DANS LES TONS LES PLUS USITÉS.

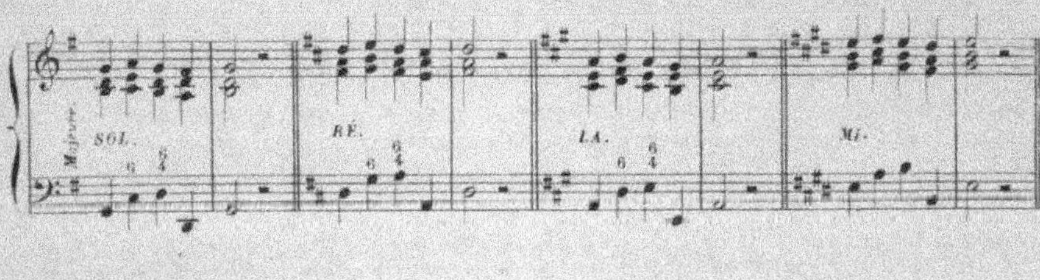

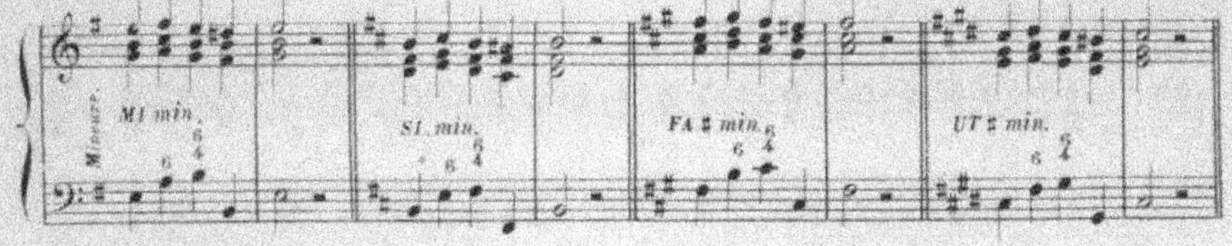

La demi-cadence fait son repos sur la dominante.

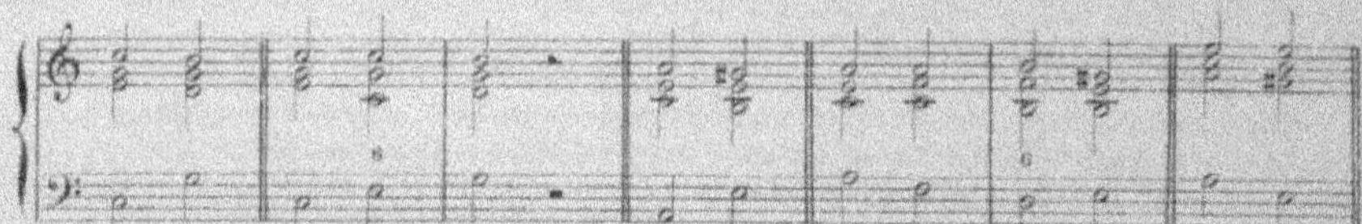

La cadence interrompue a lieu quand on évite la cadence parfaite.

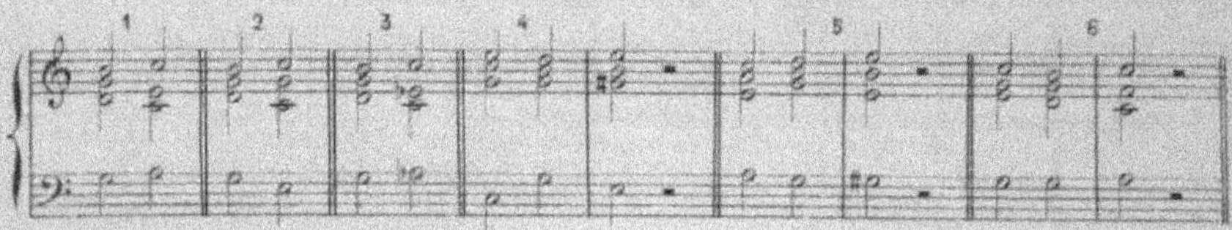

La cadence plagale se fait de la sous-dominante à la tonique. Cette cadence est principalement usitée dans la musique religieuse.

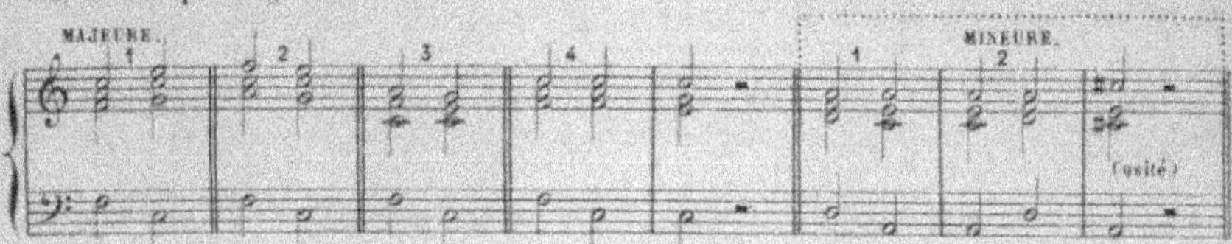

Toutes ces cadences peuvent être précédées d'une suite d'accords.

GAMMES DIATONIQUES HARMONISÉES.

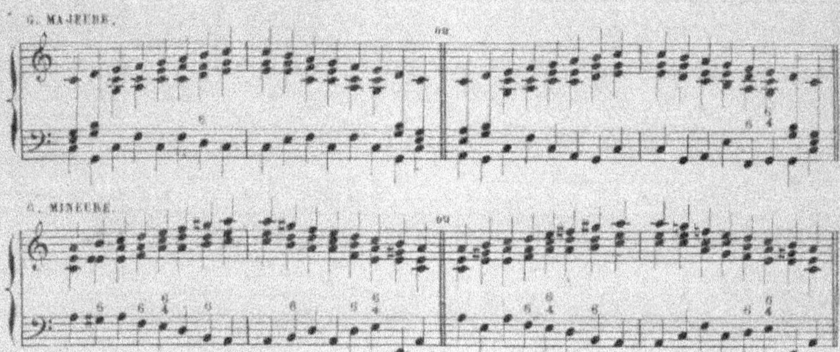

5e. LEÇON.

RÈGLES DE LA SUCCESSION DES ACCORDS

Nous appelons *mouvement* la marche d'un son à un autre. Quand deux parties vont ensemble, elles peuvent procéder par trois mouvements, savoir: *le mouvement semblable, le mouvement contraire et le mouvement oblique.*

Le mouvement semblable ou direct a lieu, quand les parties montent et descendent ensemble; A.

Le mouvement contraire se fait, lorsqu'une partie monte pendant que l'autre descend; B.

Le mouvement oblique s'exécute, quand une partie monte ou descend, tandis que l'autre reste en place. C.

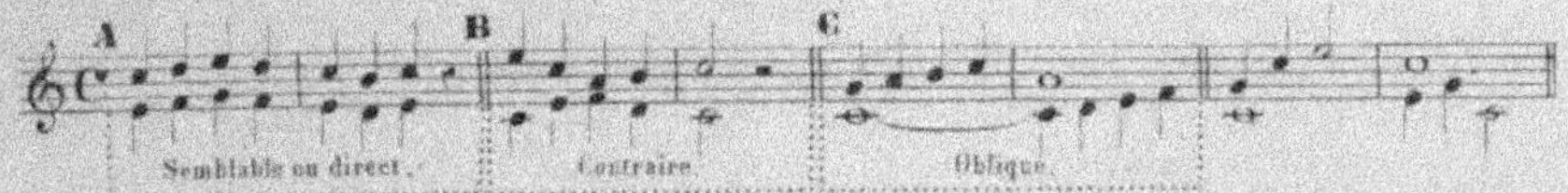

La succession simultanée d'octaves et de quintes, entre deux parties, est fautive. Le mauvais effet des quintes successives provient de ce que la partie supérieure chante dans un ton, tandis que la basse chante dans un autre. Deux quartes successives à deux parties sont également prohibées dans l'harmonie, la quarte étant le renversement de la quinte.

2 Octaves. | 2 Octaves et 2 quintes. | 2 Octaves. | 2 Octaves et 2 quintes. | 2 Quintes. | 2 Quintes. | 2 Octaves.

mauvais. | mauvais. | mauvais. | mauvais. | mauvais. | mauvais. | mauvais. | mauvais.

Pour corriger les fautes d'octaves et de quintes, l'on se sert du mouvement contraire, ou l'on modifie la disposition de l'un ou de l'autre accord ou celle des parties.

EXEMPLES CORRIGÉS.

6
4

peut être corrigé à 3 parties.

6 6

La succession des quintes et des octaves cachées doit également être évitée, même celle qui est faite par une ou plusieurs notes intermédiaires entre les deux parties.

Quinte cachée. Octave. | Octave cachée. | Quinte et Octave. | Quinte. | Octave. | Quinte. | Octave. | Quintes ouvertes.

Deux quintes cachées sont permises, lorsque la partie haute procède par seconde ex: A; une quinte juste peut aussi précéder une quinte diminuée ex: B.

Il en est de même des octaves cachées.

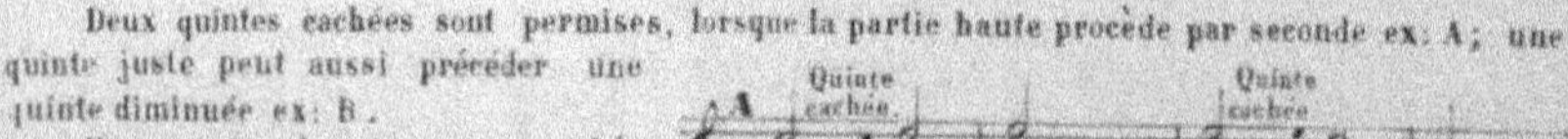

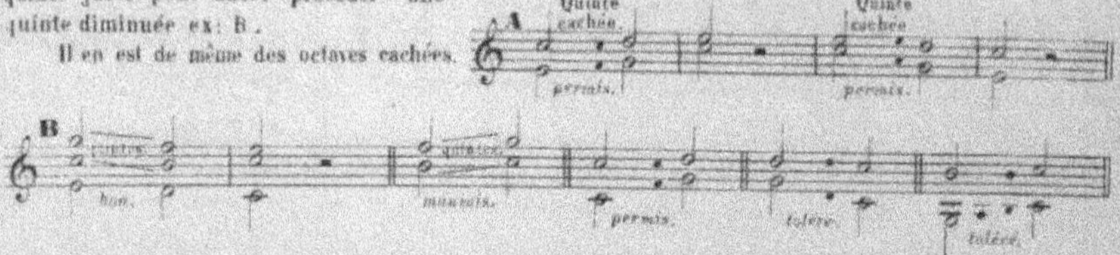

Lorsque la basse fait un mouvement de quarte, il est permis d'arriver sur l'octave, et quand la basse descend d'une quarte, on peut arriver sur la quinte. Dans ces cas, la partie supérieure ne doit monter ou descendre que d'une seconde.

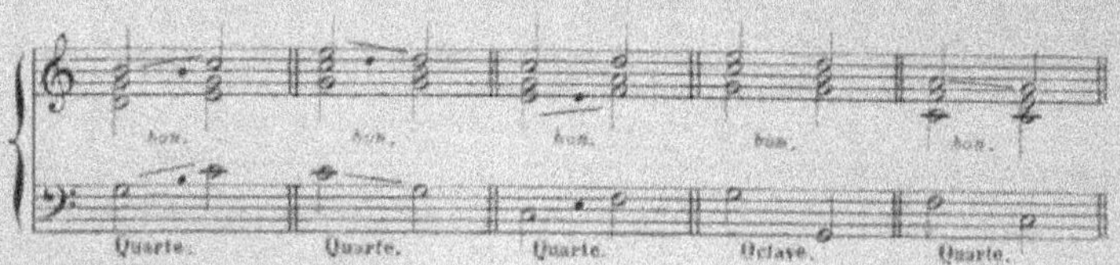

En général, les successions d'accords, les plus usitées, sont celles dont les fondamentales procèdent par tierces, quartes et quintes inférieures ou par sixtes, quintes et quartes supérieures.

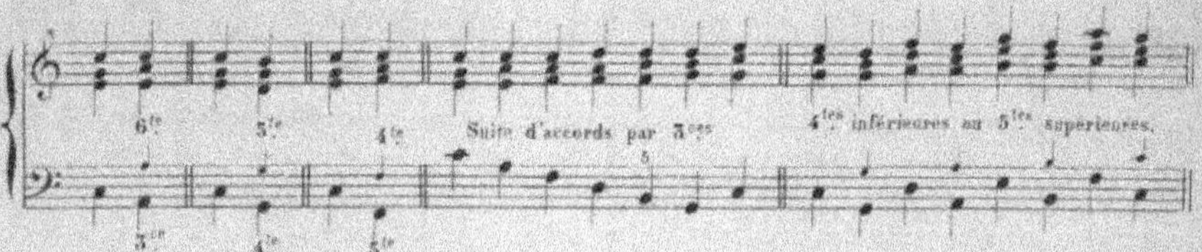

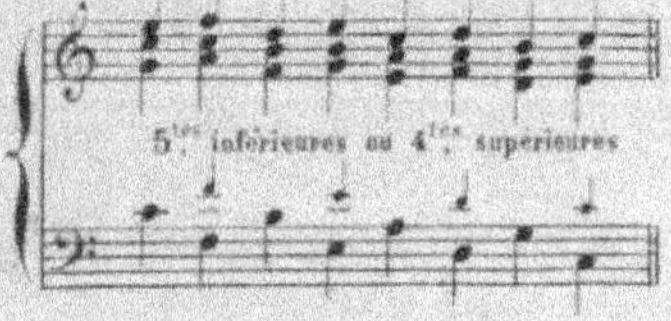

Pour éviter les quintes et les octaves, on emploie aussi la succession par seconde à la suite d'un accord principal. Cette succession par seconde, quoique dure à l'oreille, est d'un fréquent usage dans le plain-chant. Ce genre de succession demande l'emploi du mouvement contraire dans les parties, ou la suppression de la quinte dans l'un ou l'autre accord.

EX:

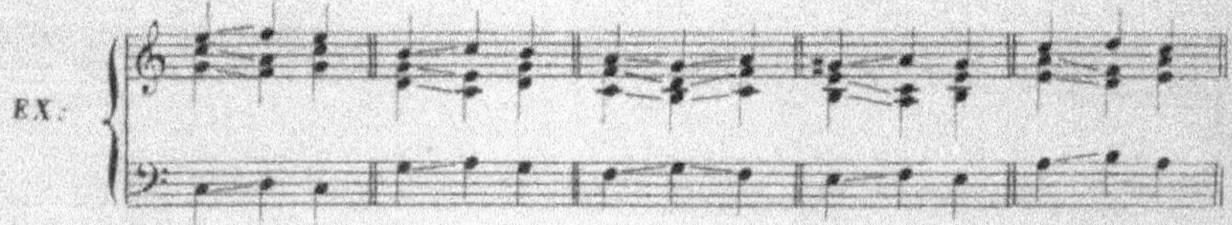

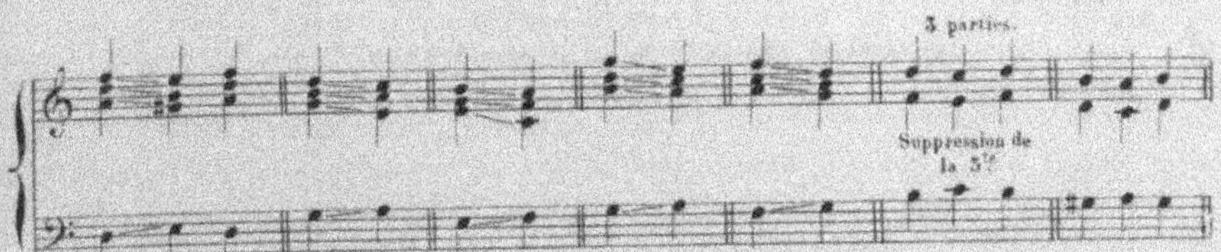

Dans le passage d'un accord de sixte à un autre accord de sixte, d'un accord de sixte à un accord parfait, par mouvement ascendant ou descendant de seconde, il est permis de doubler la basse de l'accord de sixte.

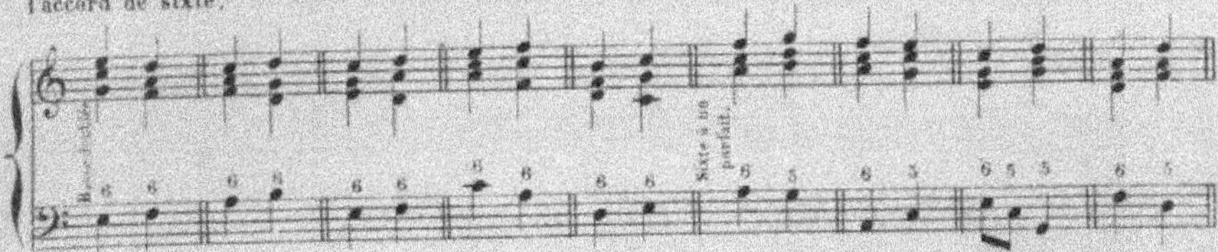

La tierce ou la sixte d'un accord de sixte, peut être doublée dans l'harmonie à quatre parties. Le choix dépend de la position de l'accord qui précède ou qui suit celui de sixte.

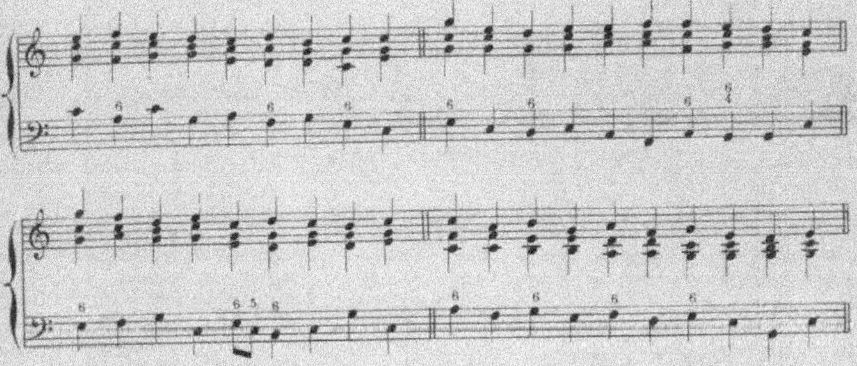

A trois parties, plusieurs accords de sixte peuvent se succéder jusqu'à la cadence finale.

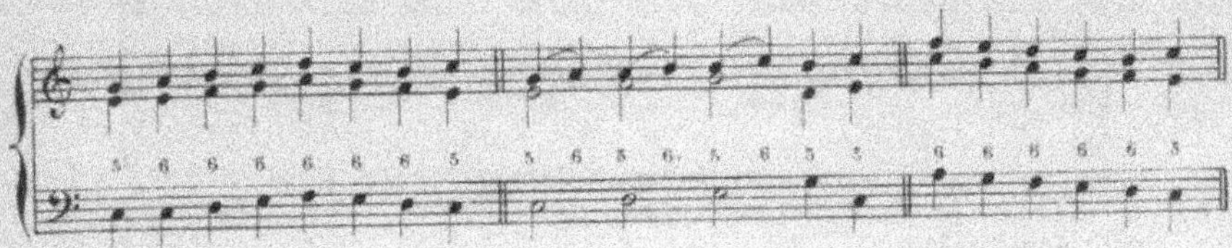

DU CHANT GRÉGORIEN OU DU PLAIN-CHANT.

Dès la primitive Eglise, le chant des chrétiens formait une espèce de psalmodie dépourvue de tout rhythme et dont toute l'étendue était renfermée dans la *quarte*, et exceptionnellement dans la *quinte*.

Les chants de la *Préface* et du *Pater* en sont une preuve, puisque ces mélodies remontent même à l'origine du Chistianisme.

S.t Ambroise, au IV.e siècle, voulant donner au chant ecclésiastique une constitution fixe, enrichit les chants sacrés des quatre modes grecs les plus usités, c'est-à-dire le *dorien*, le *phrygien*, le *lydien* et le *mixolydien*, séries de huit sons, établies sur les notes fondamentales de *ré, mi, fa, sol*.

Ces quatre modes furent en usage durant deux cents ans, mais ils devinrent, dans la suite, insuffisants, à cause du grand nombre de mélodies qui s'étaient introduites dans les chants sacrés et dont beaucoup dépassaient la limite du système établi.

S.t Grégoire, au VI.e siècle, constitua définitivement le chant ecclésiastique, par l'addition de quatre nouveaux modes dérivant des premiers, par le point de division de l'octave à la 4.e note.

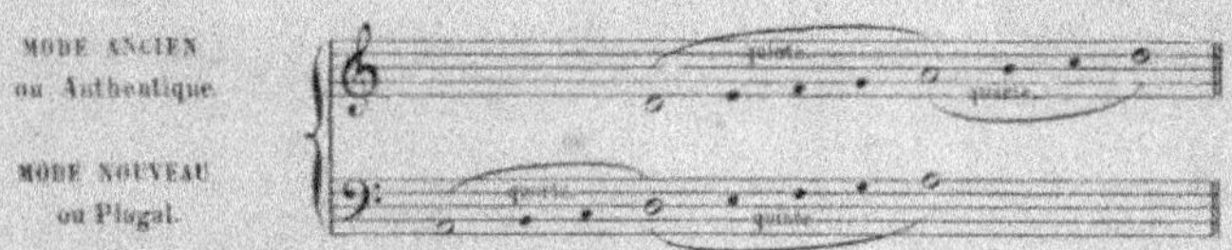

Ce procédé, en faisant dans les mélodies la division tonale de l'octave à la 5.e note, pour les modes anciens, et la division tonale de l'octave à la 4.e note, pour les nouveaux modes, porta les modes, de quatre qu'ils étaient, à huit, procédant tous dans un ordre diatonique.

Les modes sont donc rangés par *paires*, chaque paire renferme un mode *ambroisien* et un mode *grégorien*, le premier aussi appelé *authentique* et le second *plagal* ou *dérivé*.

Ré, finale	du 1.er	mode est en même temps finale	du	2.e;
Mi,	id.	3.e	id.	4.e;
Fa,	id.	5.e	id.	6.e;
Sol,	id.	7.e	id.	8.e.

La *Dominante*, une des principales notes, sur laquelle l'harmonie a son cours et son point d'appui, et autour de laquelle se groupent aussi toutes les notes d'un chant, est placée à la *quinte* dans les authentiques, excepté au 3.e mode, et, dans les plagaux, elle est placée à la *tierce*, excepté dans le 4.e mode et dans le 8.e

La note variable *si* rejette la dominante.

Dans le chant des psaumes, des oraisons et des Evangiles, la Dominante est la note sur laquelle le chant opère le plus souvent son retour.

Les authentiques et les plagaux forment dans leur ensemble la tonalité ecclésiastique, connue sous le nom de tonalité grégorienne ou simplement de Plain-Chant (*cantus planus*), nommé ainsi à cause de son uniformité de rhythme.

Dans le tableau synoptique qui suit, tout mode ou gamme se compose de huit notes, renfermant cinq tons et deux demi-tons, l'un de *mi* à *fa* et l'autre de *si* à *ut*.

Le *si* bémol intervient fréquemment dans le 1.er, 2.e, 5.e et 6.e mode, pour détruire le mauvais effet du triton par *fa, si♮*, que la tonalité grégorienne repousse comme un *diabolus in musica*.

La place des demi-tons dans les modes établit, ainsi que les finales, une tonalité essentiellement differente de celle de notre musique moderne.

6e LEÇON.

TABLEAU SYNOPTIQUE DES HUIT TONS DU CHANT GRÉGORIEN.

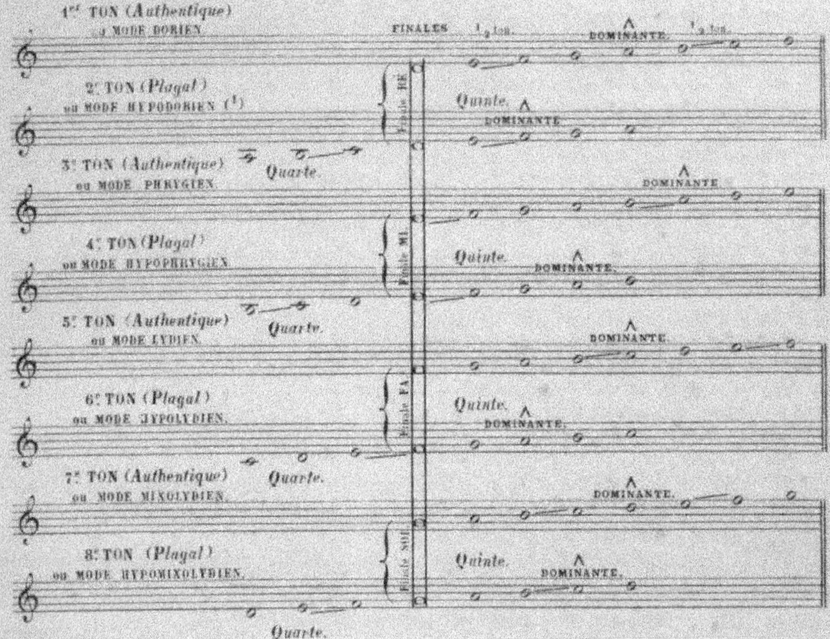

Fétis, dans la remarquable préface de son traité d'harmonie,[2] dit, en parlant des modes anciens:

« L'examen attentif du chant ecclésiastique ne laisse pas de doute sur l'heureux choix des modes employés par » ceux qui l'ont composé, relativement au sentiment exprimé dans les textes, et l'on est frappé de la propriété » qu'ont les modes de répondre à ces sentiments, chacun par son caractère particulier, et par la position plus » ou moins grave, plus ou moins élevée qu'il occupe dans l'échelle des sons. Cette conception des propriétés to- » nales pour l'expression des sentiments, si bien sentie et si bien appliquée par les chrétiens des premiers » siècles, fut une nouvelle et grande manifestation du beau dans l'art, parce qu'elle est tout à fait indépendante » de l'effet rhythmique. Rien d'analogue n'avait existé dans l'antiquité, parce que les sentiments qui ont imprimé » à la tonalité du plain-chant son caractère spécial ne pouvaient s'éveiller dans l'humanité que sous l'influence » de la loi du Christ. »

L'accompagnateur doit donc bien se pénétrer de la constitution de ces modes antiques, afin d'établir son harmonie sur les sons qu'ils renferment.

Afin de faciliter le travail à plusieurs, nous avons cru devoir reproduire, POUR LES PRINCIPAUX MODES, les formules harmoniques les plus générales, et nous les avons disposées sous une double notation, dont l'une procède par l'emploi exclusif des sons naturels de chaque échelle, et l'autre par des sons empruntés à nos deux modes modernes.

Cette double notation des formules harmoniques et des mélodies réalisées ne doit rien avoir de choquant

(1) (Hypo, au-dessous.) au-dessous de l'authentique.

(2) Brandus et Cie éditeurs de musique, 87, rue de Richelieu.

pour personne. Elle nous a servi, dans les leçons particulières et générales, à établir une comparaison de l'une à l'autre, et a eu pour résultat de rechercher les harmonies admissibles ou inadmissibles, vraies ou fausses pour l'accompagnement.

UNE DES CAUSES PRINCIPALES DE LA CONFUSION DANS L'ART D'ACCOMPAGNER, C'EST L'HABITUDE DE CHERCHER A HARMONISER LES MODES ANCIENS, COMME S'ILS ETAIENT LES SIMILAIRES DE NOS DEUX MODES MODERNES.

Si l'on veut partir de l'origine première et baser l'harmonie sur les sons naturels des échelles anciennes, il faut être conséquent et savoir appliquer l'harmonie qui leur conserve leur caractère général et dominant.

Mais, dira-t-on, faut-il absolument et exclusivement pratiquer l'accompagnement de la première manière, avec des accords si sévères et si austères à nos oreilles modernes?

Pour ceux qui se sont livrés à la routine, à l'arbitraire de leurs fantaisies, même au charme de notre accord dramatique, nous comprenons aisément cette plainte; nous croyons même qu'ils éprouvent quelque difficulté à revenir aux conditions rigoureuses de la tonalité grégorienne. Mais nous les engageons à se familiariser par des efforts soutenus, avec les formules, dites sévères, de la 1re manière et à les comparer avec celles dont ils ont l'habitude ou qui sont écrites dans la seconde manière.

Il faut le temps pour ce retour.

Nous sommes convaincu qu'une pratique comparée peut seule les éclairer sur les formes propres au chant ecclésiastique.

L'harmonie sérieuse est dans l'esprit de l'Eglise et tout artiste chrétien doit s'en approcher et rester dans l'ordre unitonique[1] L'unisson de toutes les voix est le plus en rapport avec le but de l'Eglise, qui est que tout le monde chante les louanges du Seigneur. Et pourquoi rejeter dans l'harmonie ce que l'on accepte dans la mélodie? Quand on aura fait l'expérience avec les harmonies qui déconcertent aux premières auditions, on arrivera à les accepter et on y trouvera un charme particulier qui est au-dessus des raffinements et des amollissements de la musique moderne.

D'un autre côté, que l'on ne pense pas que les formules et la réalisation des mélodies de notre 2e manière soient une propagation de l'erreur. Il n'en est rien. Beaucoup de ces dernières sont bonnes et possèdent le caractère et la forme de celles de la 1re manière, surtout dans les modes de facile accompagnement. Celles qui renferment des notes étrangères au mode sont seulement livrées à la comparaison et doivent être proscrites de l'accompagnement.

Notre seconde manière peut venir en aide aux mélodies qui ne font point partie de la tonalité grégorienne. Parmi ces dernières, il faut entendre celles qui ont été écrites récemment ou aux derniers siècles. La Royale de Dumont est une messe en *ré mineur,* et ne figure pas dans tous les livres liturgiques. Dans ce cas, on peut modifier légèrement l'accompagnement; mais quand on a en vue des effets d'ensemble, il faut toujours appliquer à ces compositions récentes, l'une des formes de nos modes ecclésiastiques.

Pour conclusion de ces quelques conseils, nous engageons les praticiens à se procurer quelques bons livres qui donnent au grand complet, toutes les notions d'un bon accompagnement du plain-chant.

L'ouvrage de Louis Niedermeyer traite la théorie du plain-chant avec une lucidité et une supériorité de vues fort remarquables. Ce traité serait déjà suffisant pour la plupart. Nous avons aussi lu, avec un vif intérêt, les ouvrages anglais de John Lambert. Nous demanderons la permission de faire publier, en petit format, la remarquable préface de son recueil "organ accompaniments" et de la tenir à la disposition de nos lecteurs. Nous avons eu, enfin, recours aux conseils des hommes de l'art, principalement aux autorités ecclésiastiques de pays étrangers. Unanimement, on nous a dit: «Prenez pour base les échelles antiques et appliquez-y une harmonie simple et conforme à leur caractère général.»

C'est le vrai principe dont on ne peut se passer, si l'on veut être logique.

[1] Musique d'un seul ton, c'est-à-dire qui n'a aucune transition d'un ton à un autre.

7e LEÇON.

1er TON ou MODE DORIEN.

1er AUTHENTIQUE.

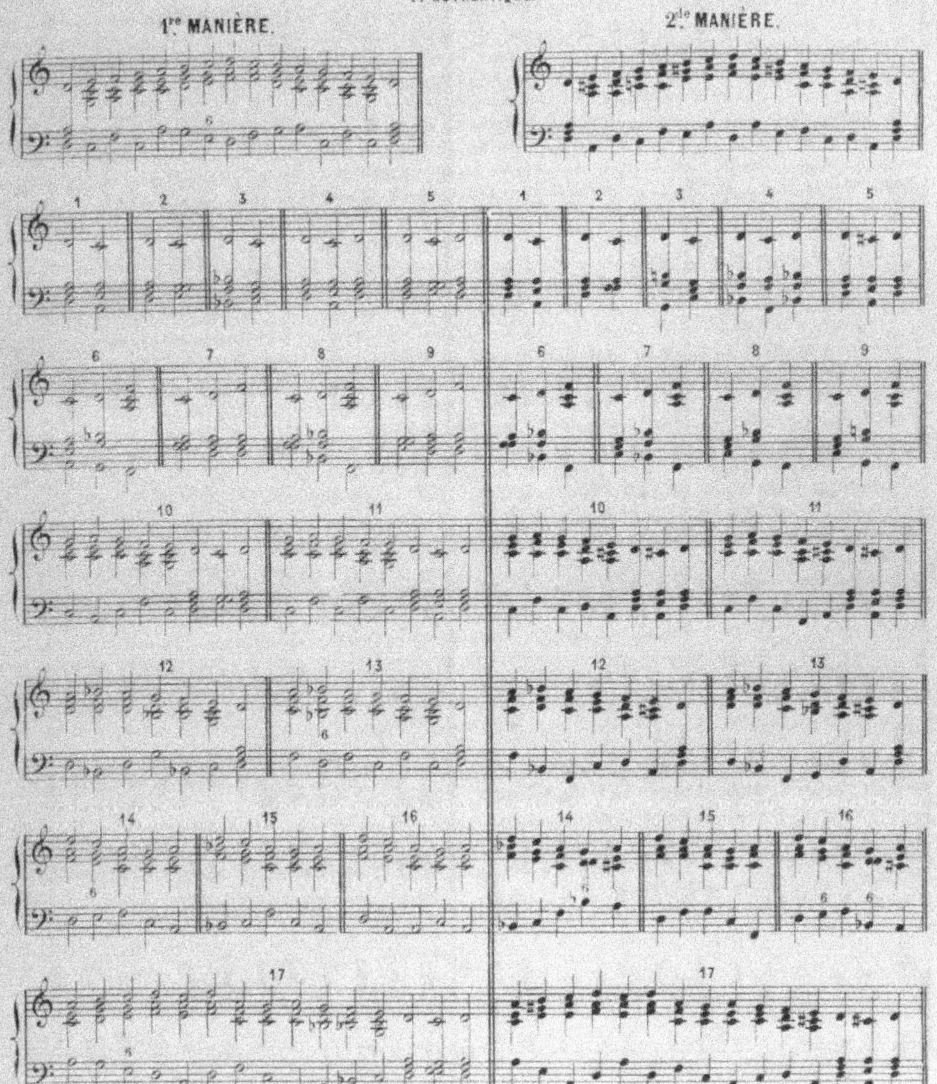

Le Si♭ intervient dans les 1er, 2e, 5e et 6e modes. La dureté d'intonation de *fa* et *si*, formant triton, disparaît par l'altération du si. Cette altération s'étend aussi à chacune des parties de l'accompagnement.

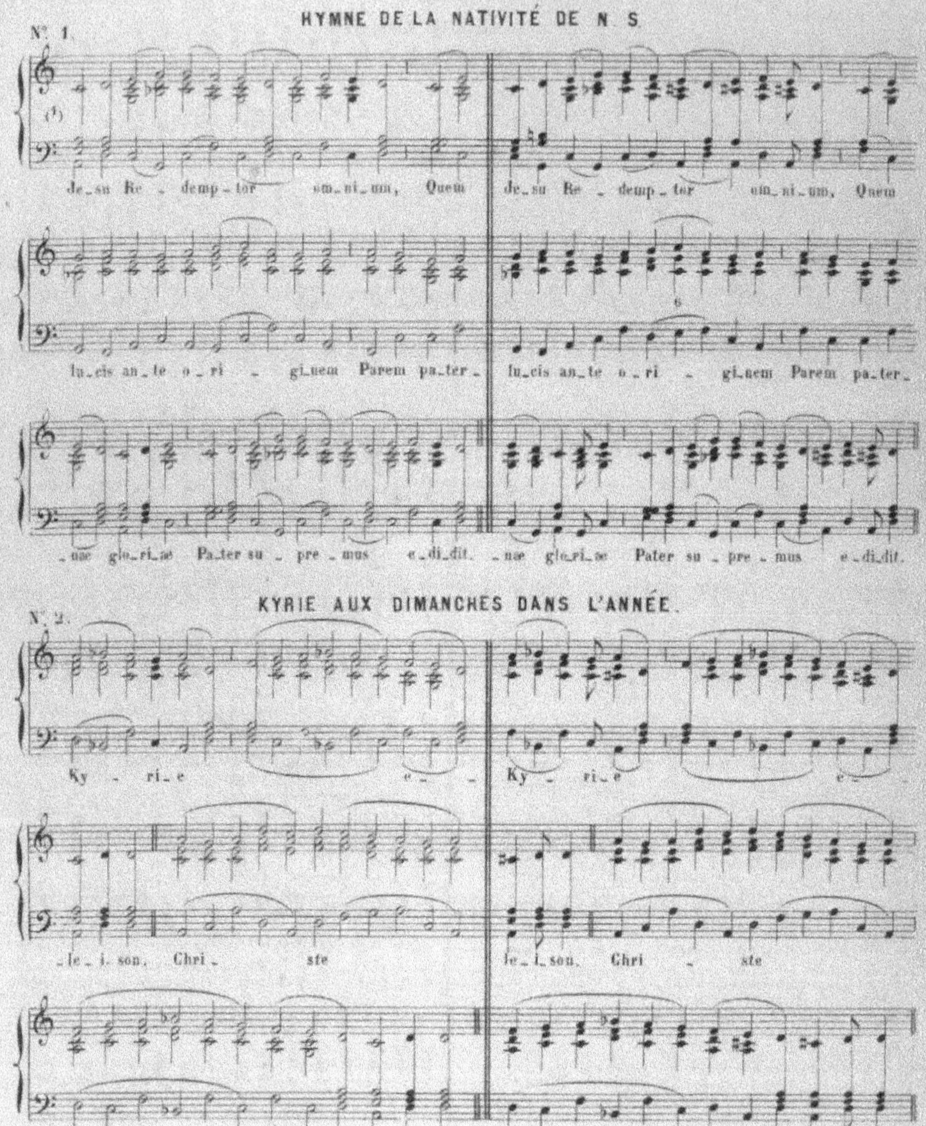

(1) Toutes les notes de basse, soit dans les formules, soit dans les mélodies réalisées, peuvent être doublées.

KYRIE DE LA MESSE ROYALE DE DUMONT

N.° 3

KYRIE AUX DIMANCHES DE L'AVENT ET DU CARÊME

N.° 4

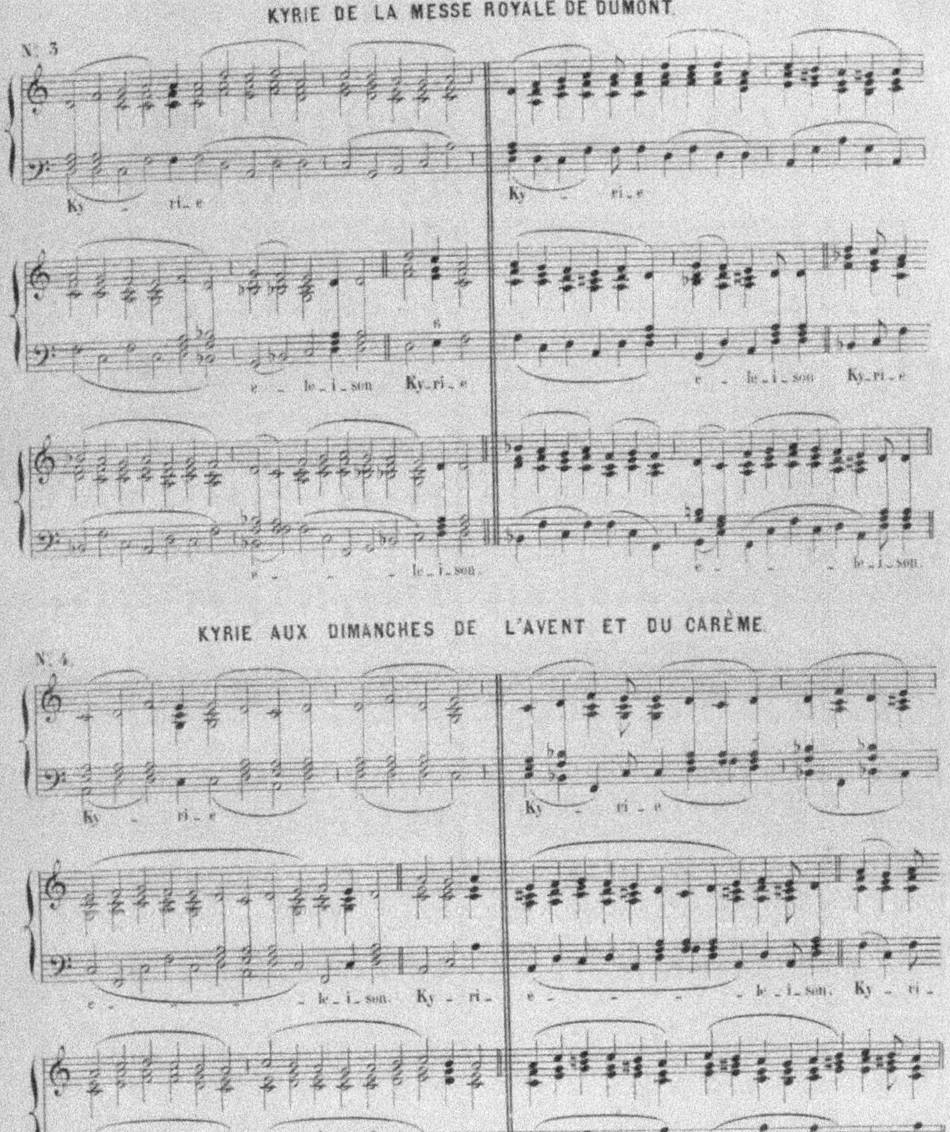

CHANT DU PSAUME ET DU CANTIQUE.

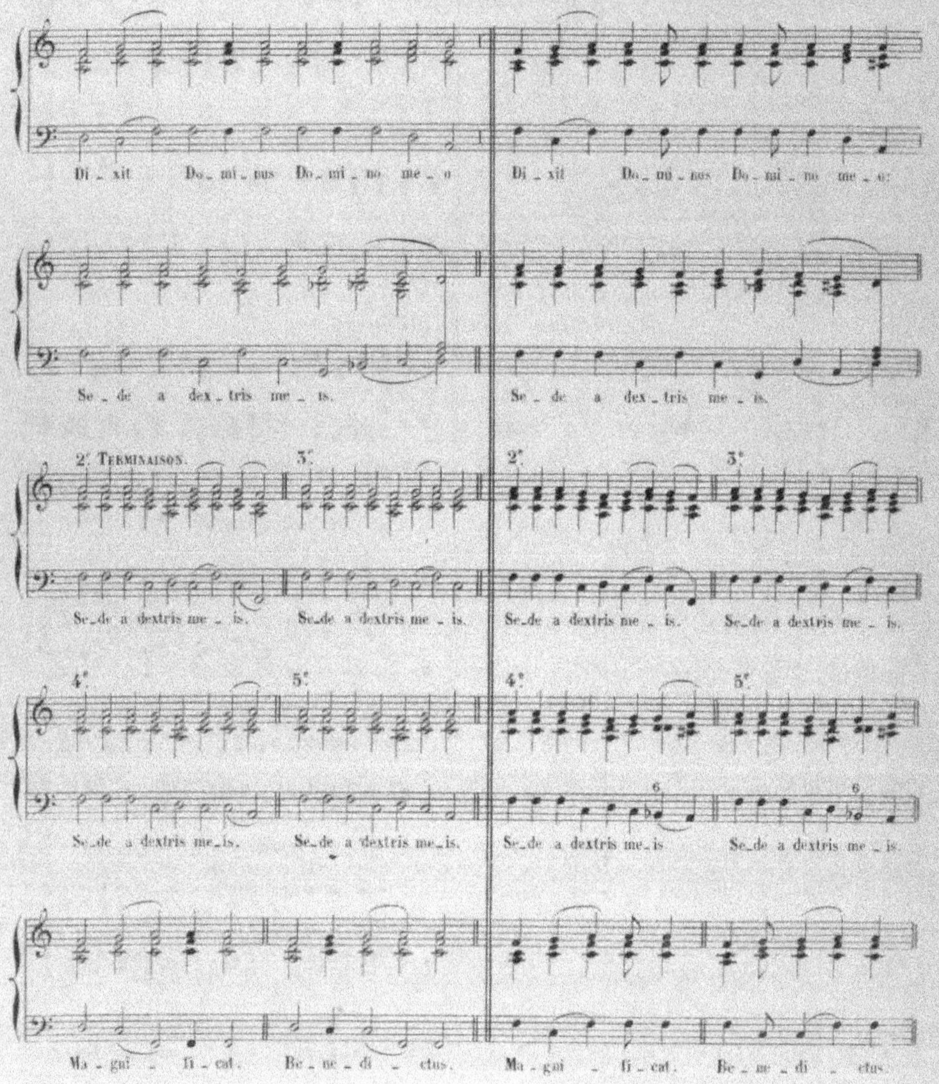

8e LEÇON.

2e TON ou MODE HYPODORIEN.

(1er PLAGAL.)

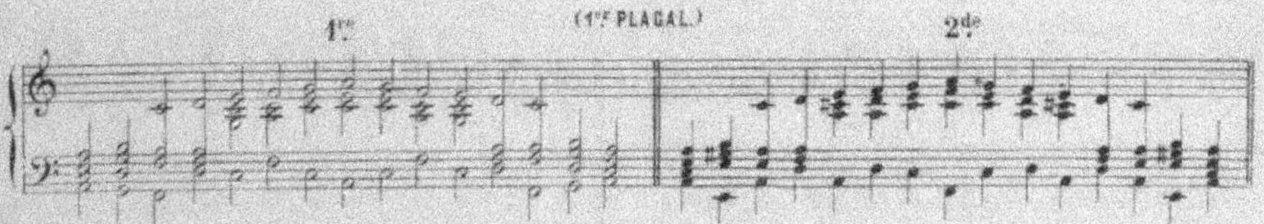

Les formules d'accompagnement, ainsi que les cadences finales des modes plagaux ont beaucoup d'analogie avec celles des tons authentiques.

Nous ne donnerons donc de ces modes que des mélodies réalisées, comme elles sont notées dans les livres liturgiques et quelques-unes transposées d'une quarte au-dessus de la finale.

L'accord le plus caractéristique du mode plagal est celui de sa dominante, sur lequel l'harmonie a son cours et son point d'appui.

MÉLODIE NON TRANSPOSÉE.

GLORIA AUX DIMANCHES DANS L'ANNÉE.

N° 1.

Et in_terra pax ho_mi_nibus bonæ volunta_tis. Et in_terra pax ho_mi_nibus bonæ volun_tatis.

Lau_da_mus te. Be_ne_di_cimus te A_do_ra_mus te. Lau_da_mus te. Be_ne_dicimus te. A_do_ra_mus te.

Glori_fi_ca_mus te Grati_as a_gimus ti_bi Glori_fi_ca_mus te Grati_as a_gimus ti_bi

propter magnam glo_ri_am tuam. Do_mi_ne propter magnam glo_ri_am tuam. Do_mi_ne

De_us, Rex cœles_tis, De_us Pa_ter om_ni_potens. De_us, Rex cœlestis, De_us Pa_ter om_ni_potens.

MÉLODIES TRANSPOSÉES.

HYMNE D'UN CONFESSEUR

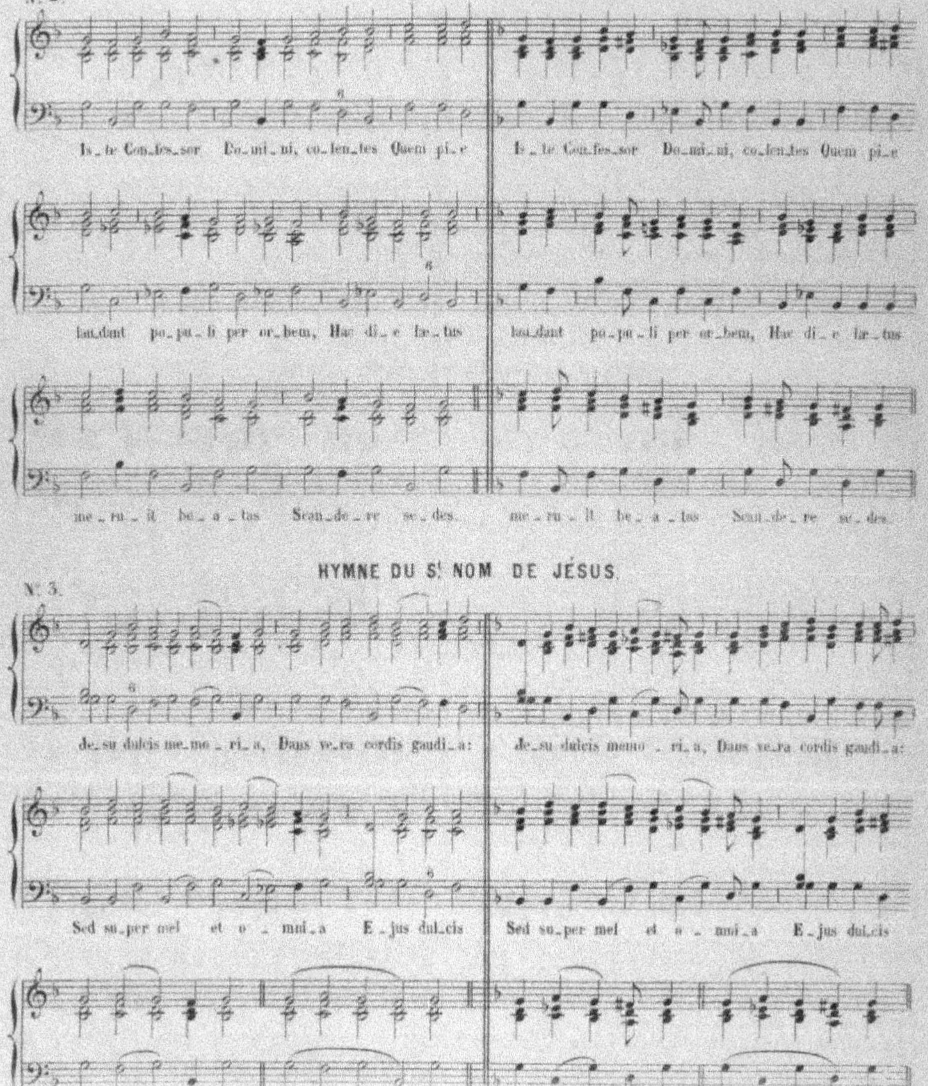

SANCTUS AUX DIMANCHES DANS L'ANNÉE.

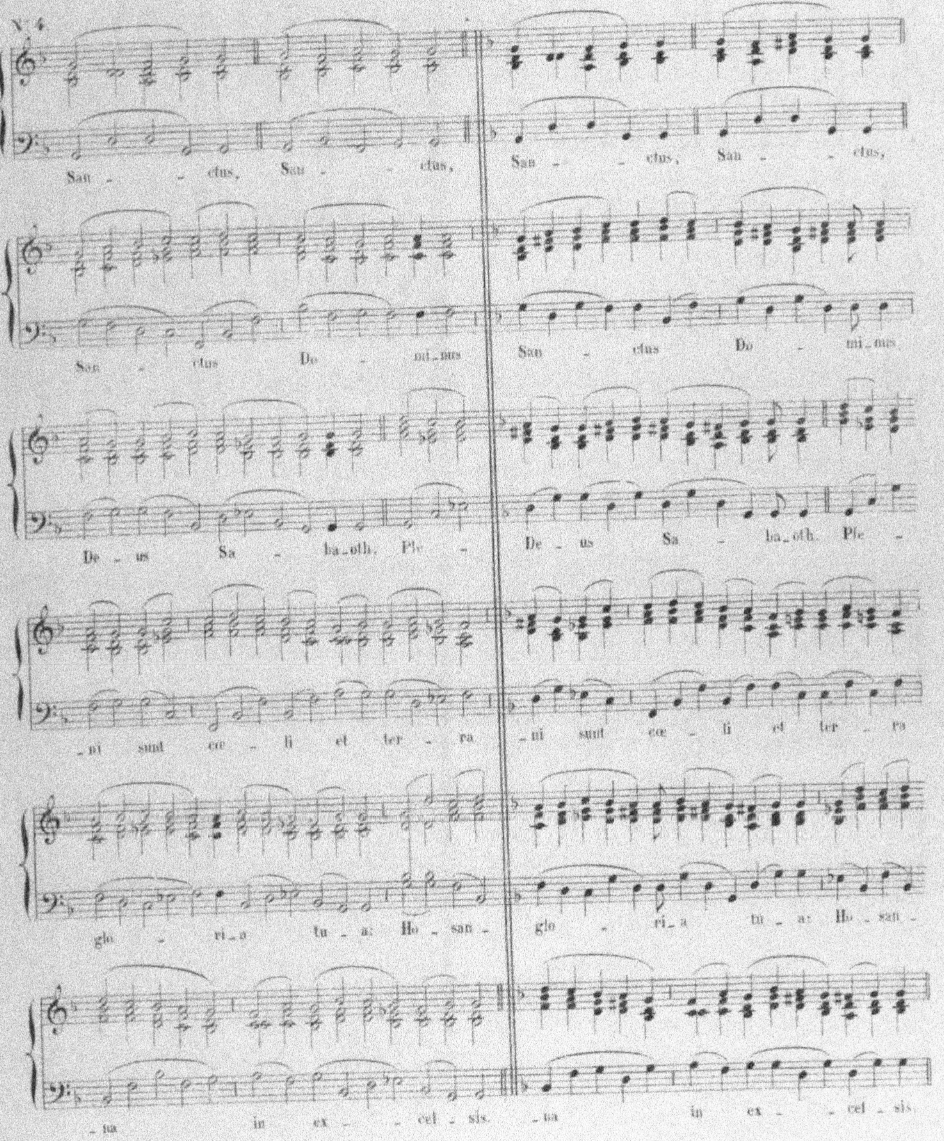

DA PACEM.

N° 5.

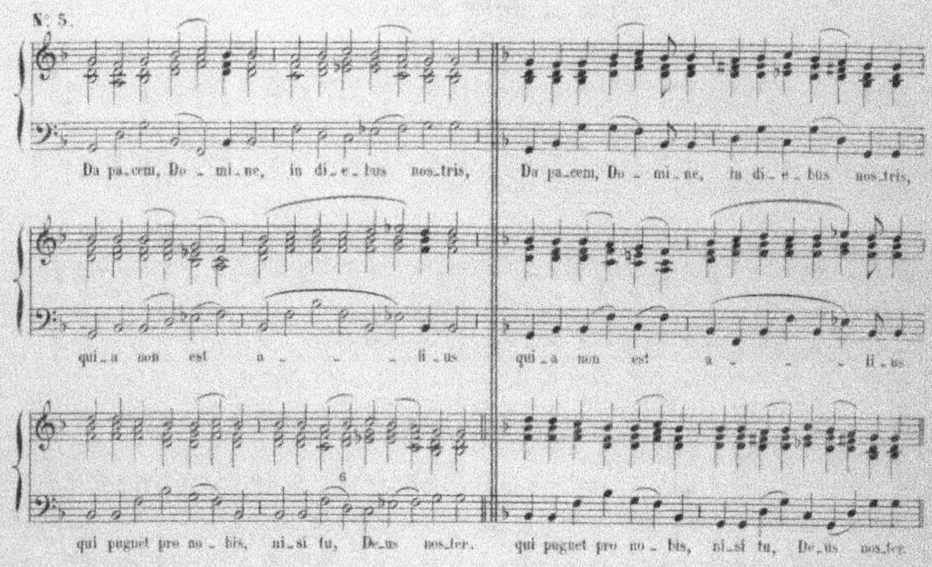

CHANT DU PSAUME ET DU CANTIQUE.

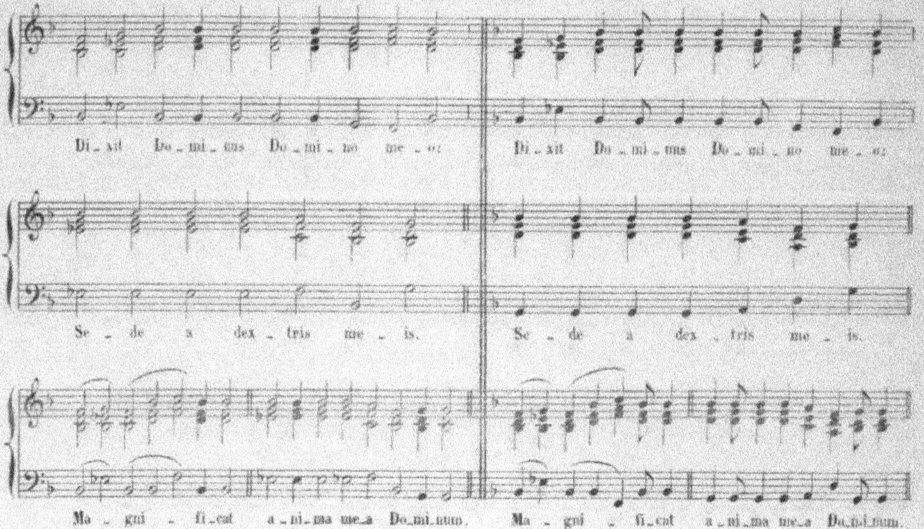

9e LEÇON.

3e TON ou MODE PHRYGIEN.

2e AUTHENTIQUE.

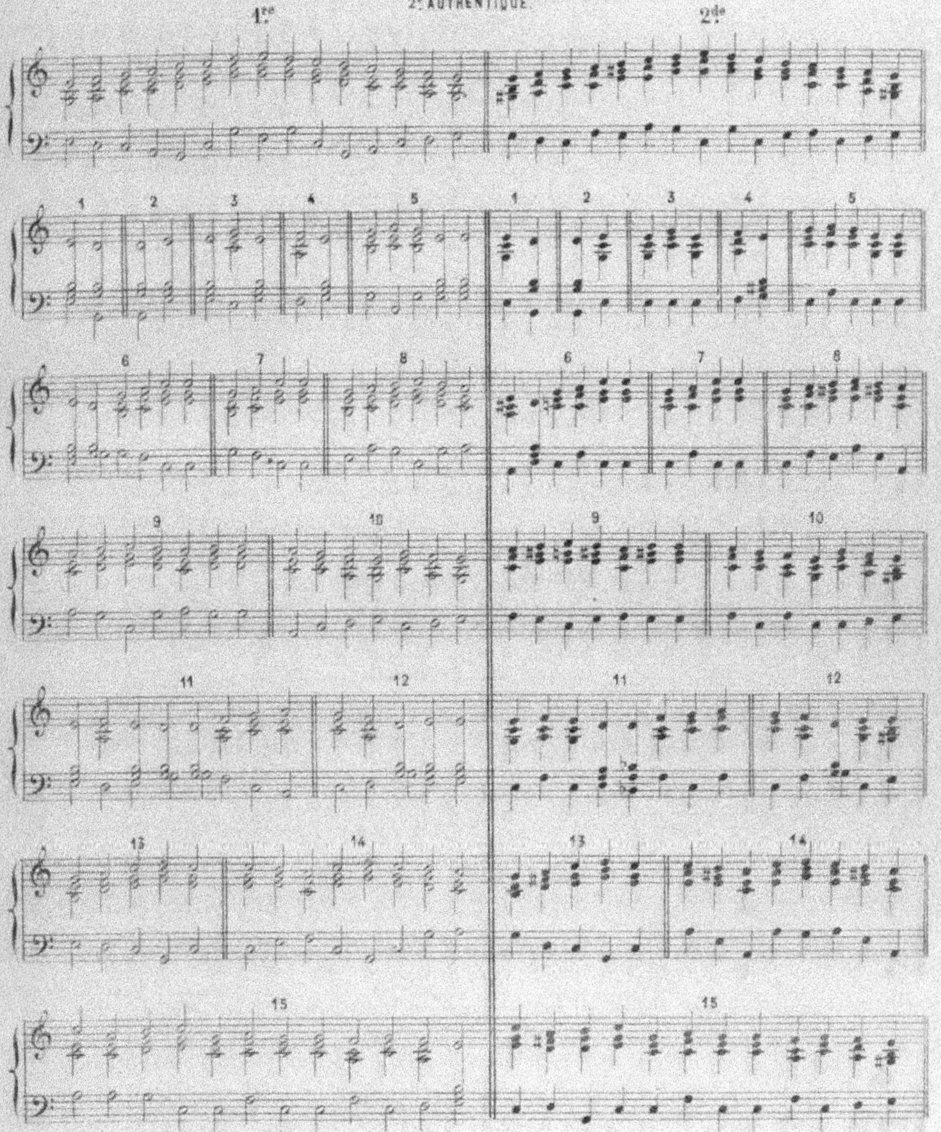

TANTUM ERGO SACRAMENTUM.

N° 1.

HYMNE DE L'ÉPIPHANIE.

N° 2.

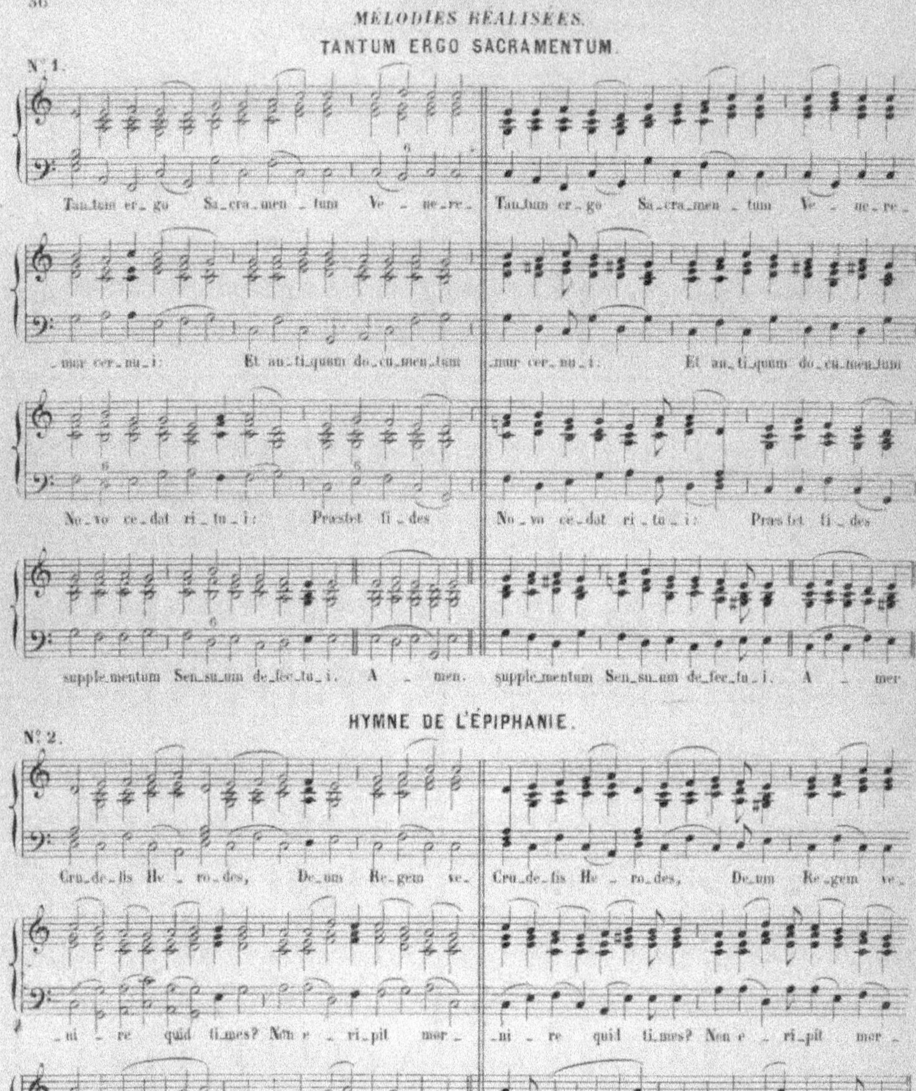

ANTIENNE SALVA NOS DOMINE, TRANSPOSÉE.

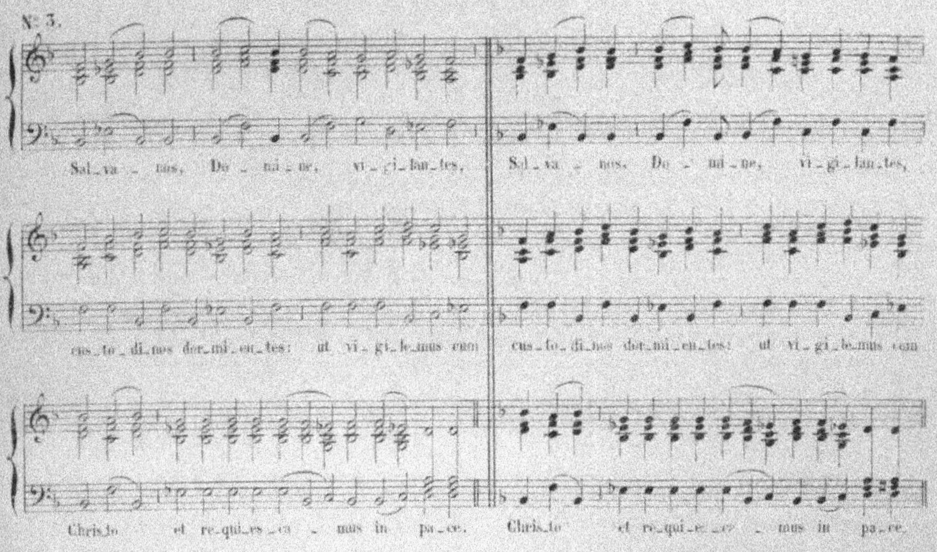

CHANT DU PSAUME ET DU CANTIQUE.

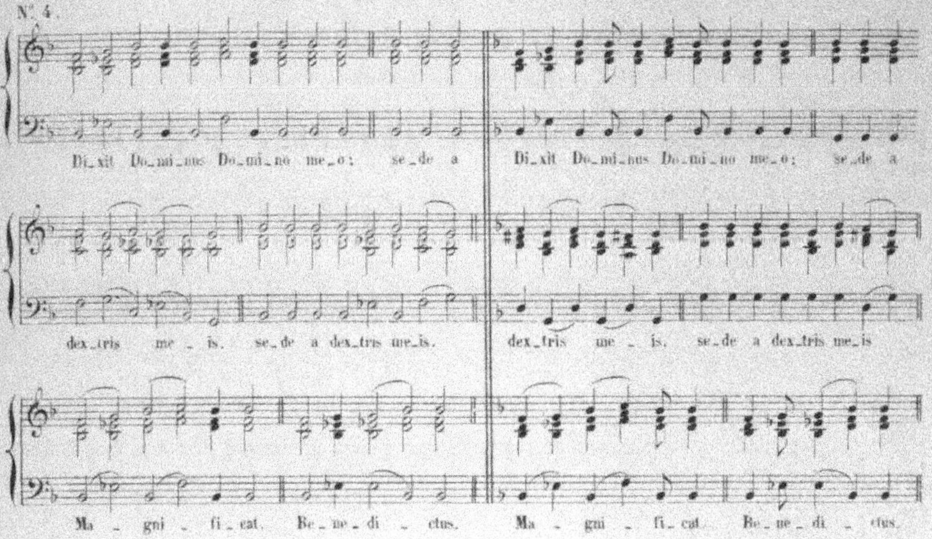

10e LEÇON.

4e TON ou MODE HYPOPHRYGIEN.

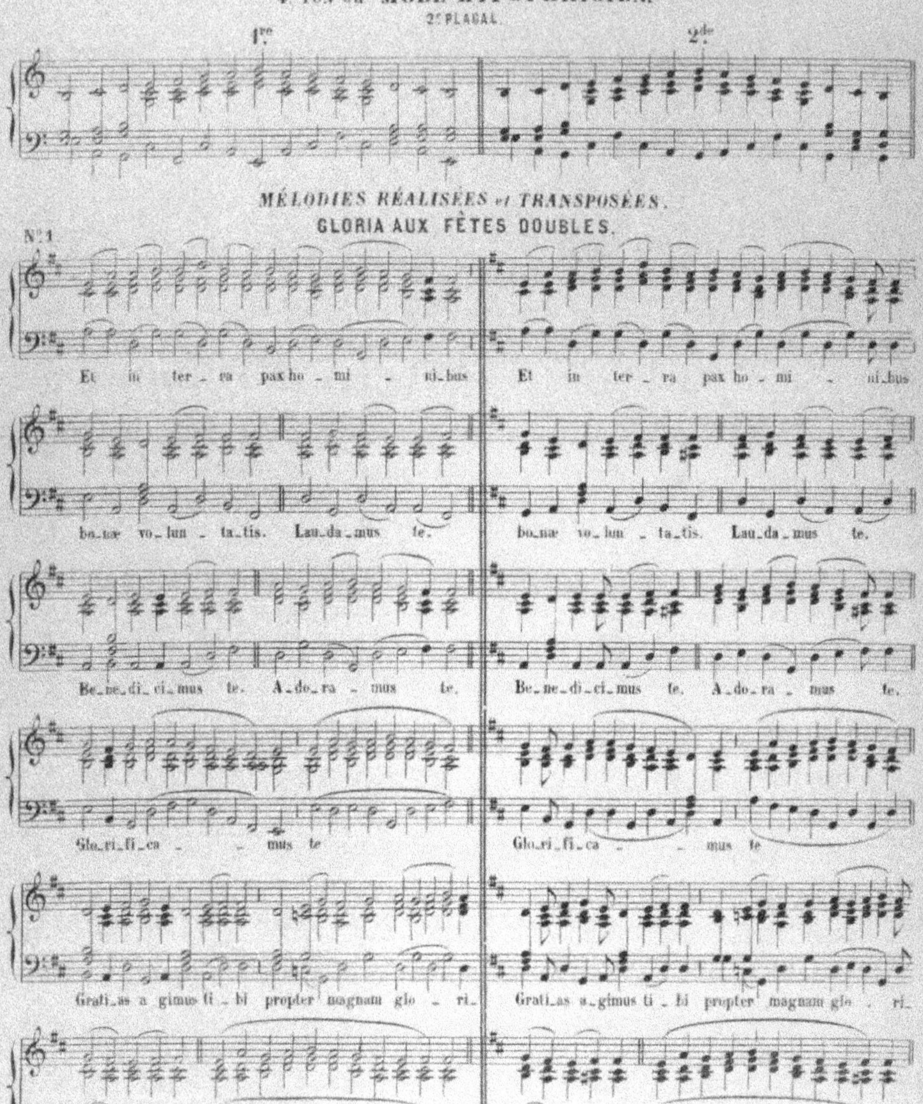

CREDO ORDINAIRE

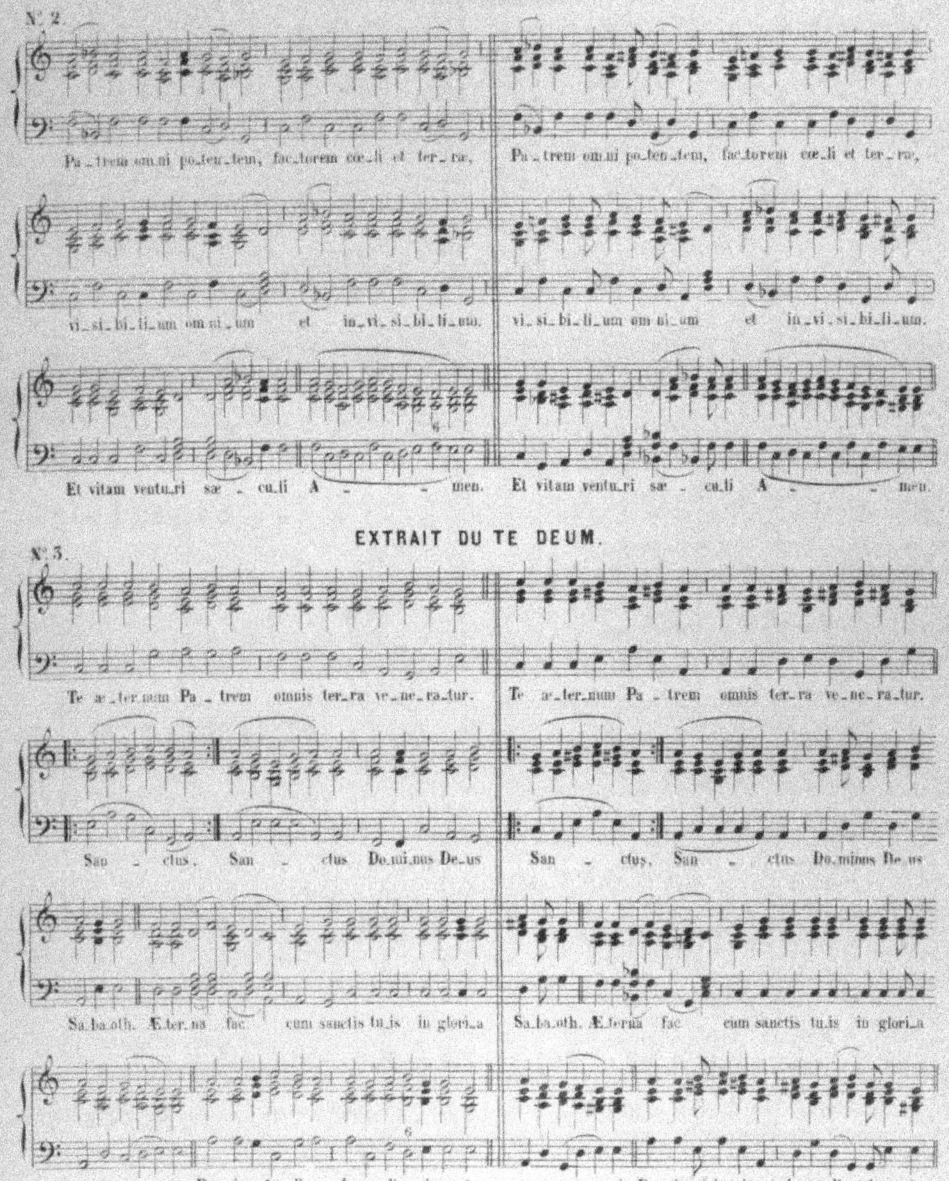

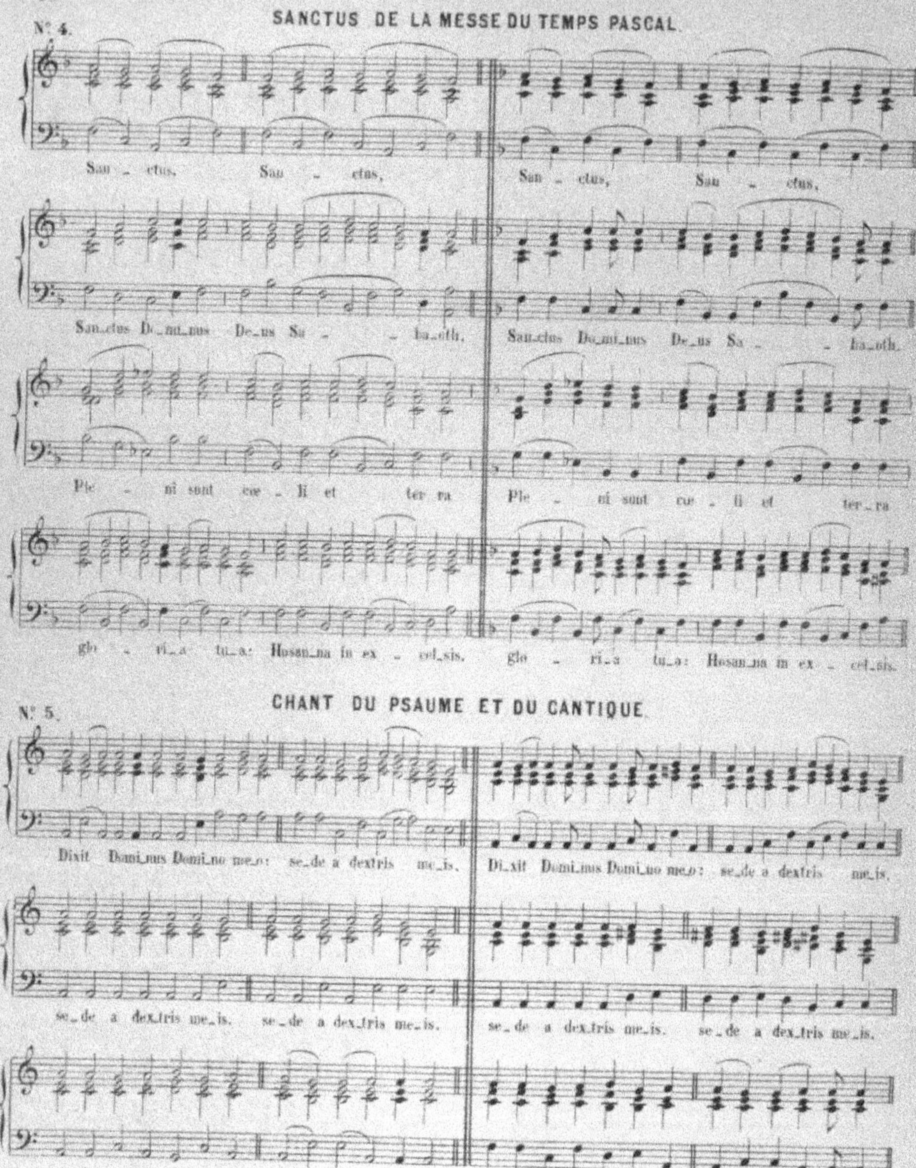
N° 4.
SANCTUS DE LA MESSE DU TEMPS PASCAL.
San - ctus, San - ctus, San - ctus, San - ctus,
San_ctus Do_mi_nus De_us Sa - - ba_oth. San_ctus Do_mi_nus De_us Sa - - ba_oth.
Ple - ni sunt cœ - li et ter_ra Ple - ni sunt cœ - li et ter_ra
glo - ri_a tu_a: Hosan_na in ex - cel_sis. glo - ri_a tu_a: Hosan_na in ex - cel_sis.
N° 5.
CHANT DU PSAUME ET DU CANTIQUE.
Dixit Domi_nus Domi_no me_o: se_de a dextris me_is. Di_xit Domi_nus Domi_no me_o: se_de a dextris me_is.
se_de a dex_tris me_is. se_de a dex_tris me_is. se_de a dex_tris me_is. se_de a dex_tris me_is.
se_de a dex_tris me_is. Ma - gni - fi_cat. se_de a dex_tris me_is. Ma - gni - fi_cat.

11e LEÇON.

5e TON ou MODE LYDIEN.

3e AUTHENTIQUE.

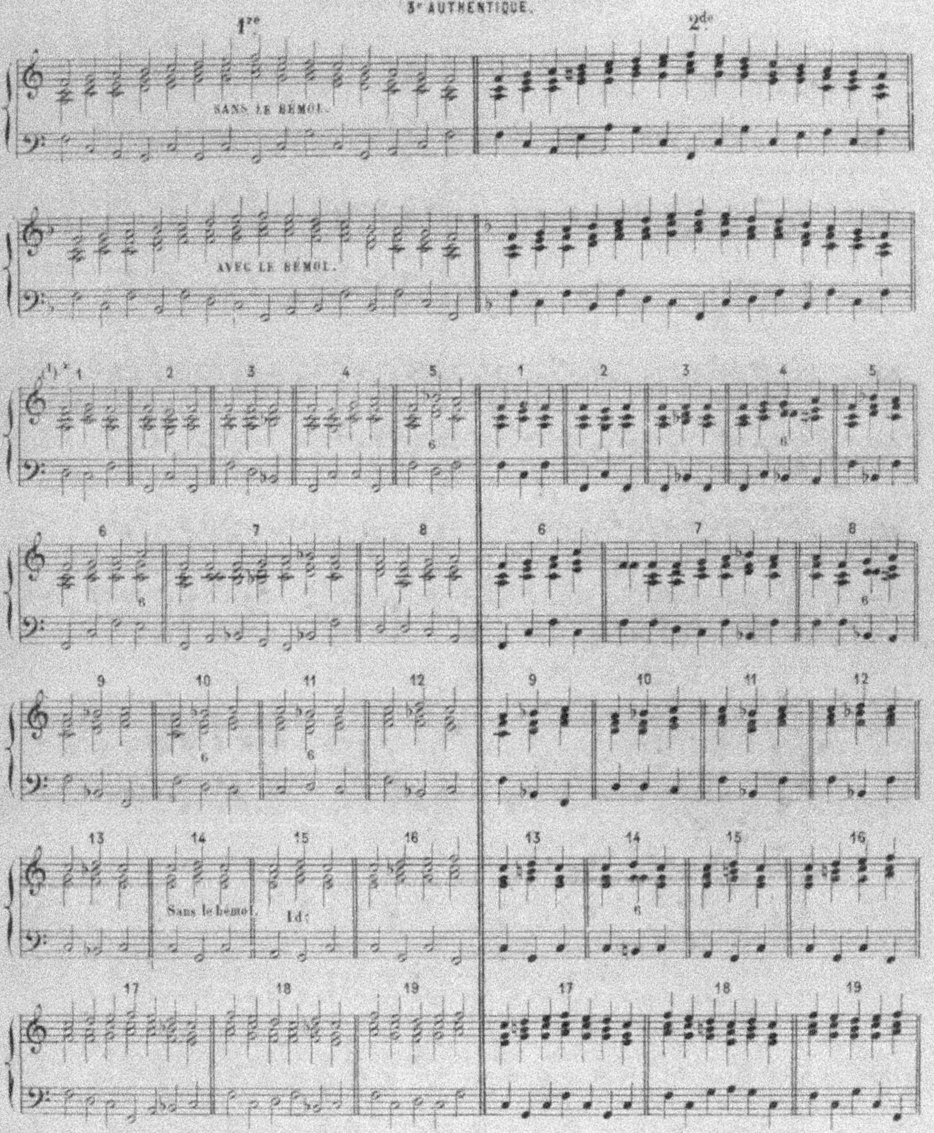

(1) Ces formules doivent être transposées dans le ton de ré majeur.

CREDO AUX FÊTES DOUBLES.

N° 1.

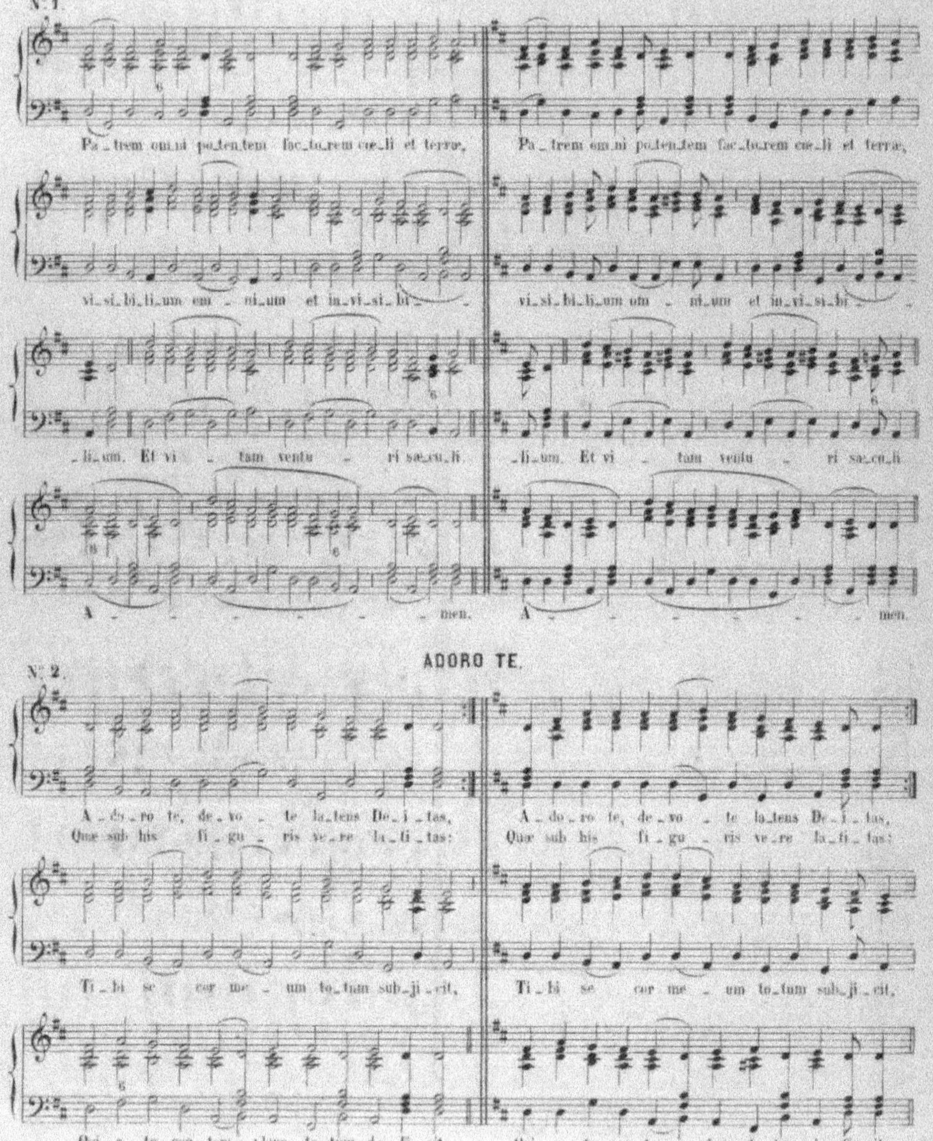

ALMA REDEMPTORIS

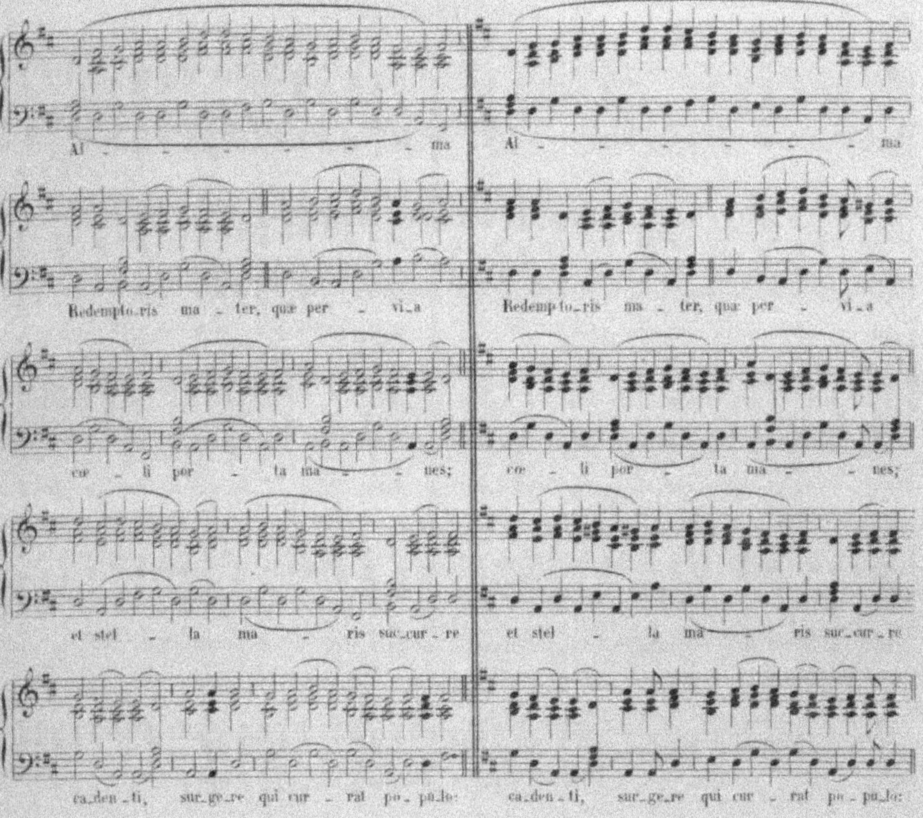

Al - - - - - - - - - - ma Al - - - - - - - - - - ma

Redempto_ris ma _ ter, quæ per - vi_a Redemp to_ris ma _ ter, quæ per - vi_a

cœ - li por - ta ma - - nes; cœ - li por - ta ma - - nes;

et stel - la ma - ris suc_cur_re et stel - la ma - ris suc_cur_re

ca_den_ti, sur_ge_re qui cur - rat po_pu_lo: ca_den_ti, sur_ge_re qui cur - rat po_pu_lo:

CHANT DU PSAUME ET DU CANTIQUE.

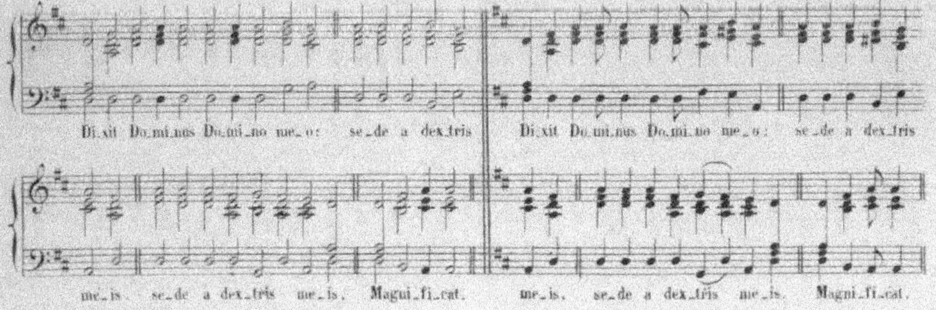

12e LEÇON.

6e TON ou MODE HYPOLYDIEN.

3e PLAGAL.

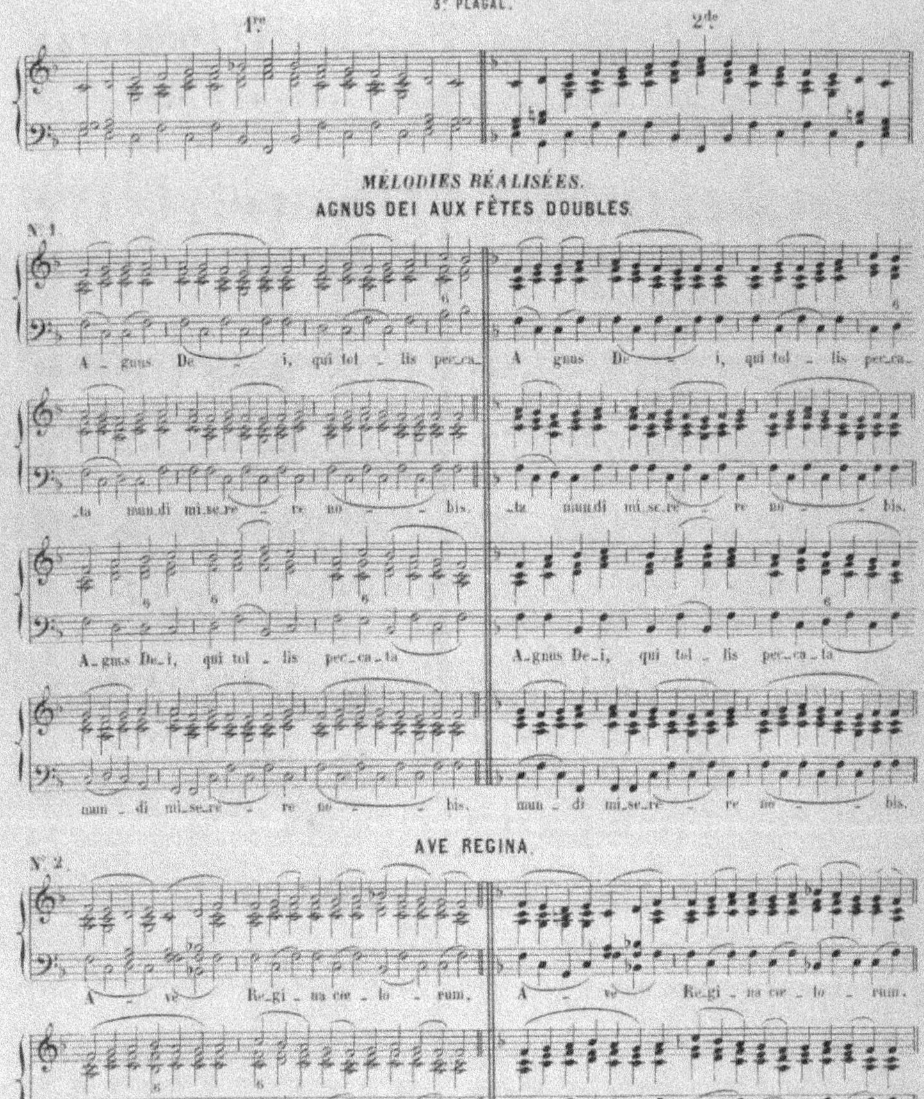

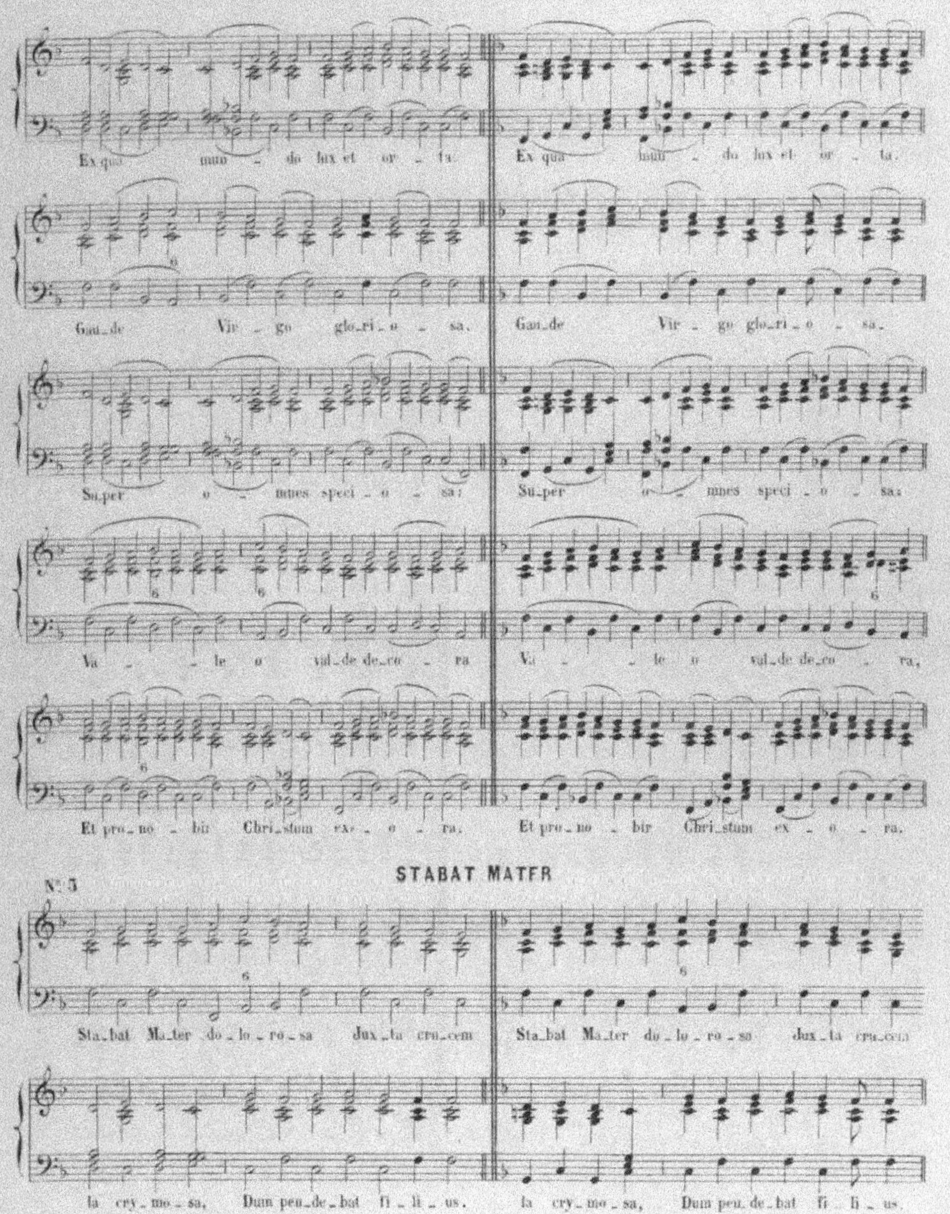
Ex qua mun - do lux et or - ta.
Ex qua mun - do lux et or - ta.
Gau_de Vir - go glo_ri_o - sa.
Gau_de Vir - go glo_ri_o - sa.
Su_per o - mnes speci - o - sa:
Su_per o - mnes speci - o - sa:
Va - le o val_de de_co - ra
Va - le o val_de de_co - ra,
Et pro_no - bis Chri_stum ex - o - ra.
Et pro_no - bis Chri_stum ex - o - ra.
N° 5
STABAT MATER
Sta_bat Ma_ter do_lo_ro_sa Jux_ta cru_cem
Sta_bat Ma_ter do_lo_ro_sa Jux_ta cru_cem
la_cry_mo_sa, Dum pen_de_bat fi_li_us.
la_cry_mo_sa, Dum pen_de_bat fi_li_us.

CHANT DU PSAUME ET DU CANTIQUE.

N. 4

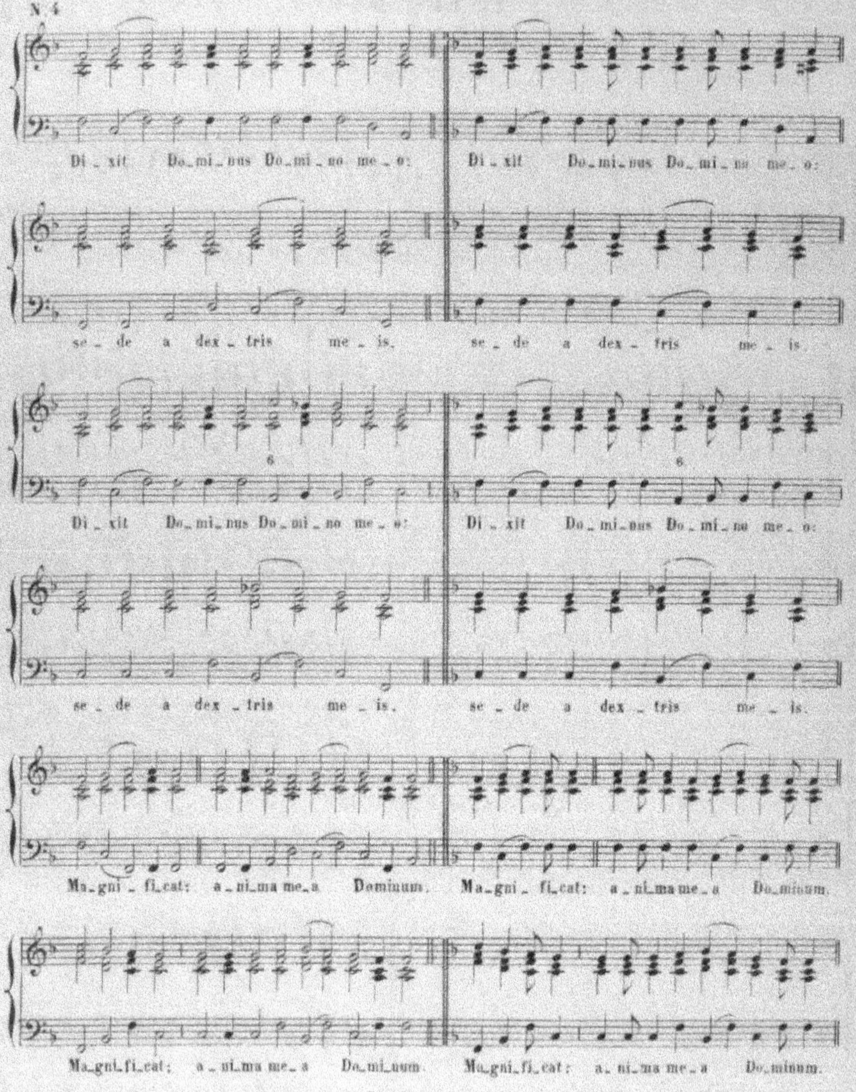

13e LEÇON.

7e TON ou MODE MIXOLYDIEN.

4e AUTHENTIQUE.

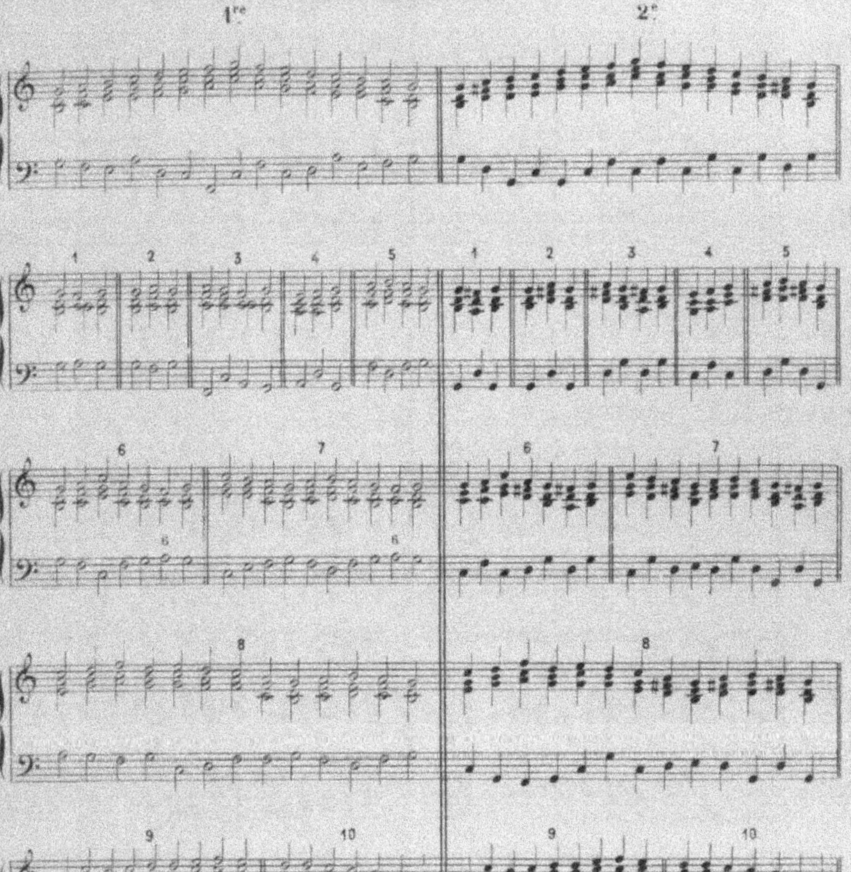

1re 2e

1 2 3 4 5 1 2 3 4 5

6 7 6 7

6 6

8 8

9 10 9 10

(1) Toutes ces formules doivent être transposées de deux tons et demi au grave.

MÉLODIES RÉALISÉES.

GLORIA DE LA MESSE DE LA B. V. M. ET DU S.T SACREMENT.

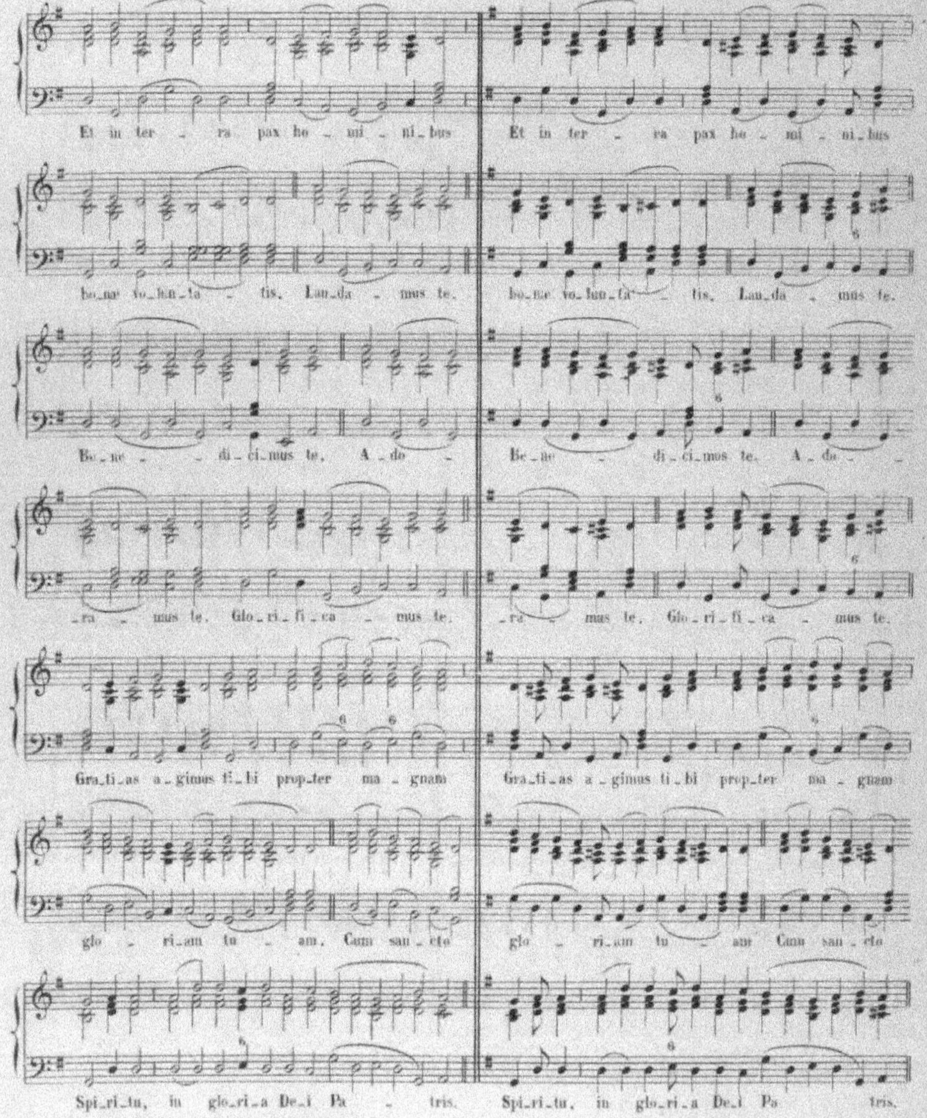

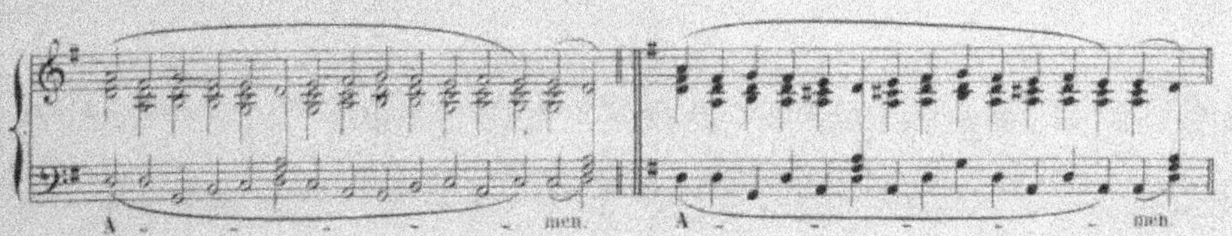

PROSE LAUDA SION.

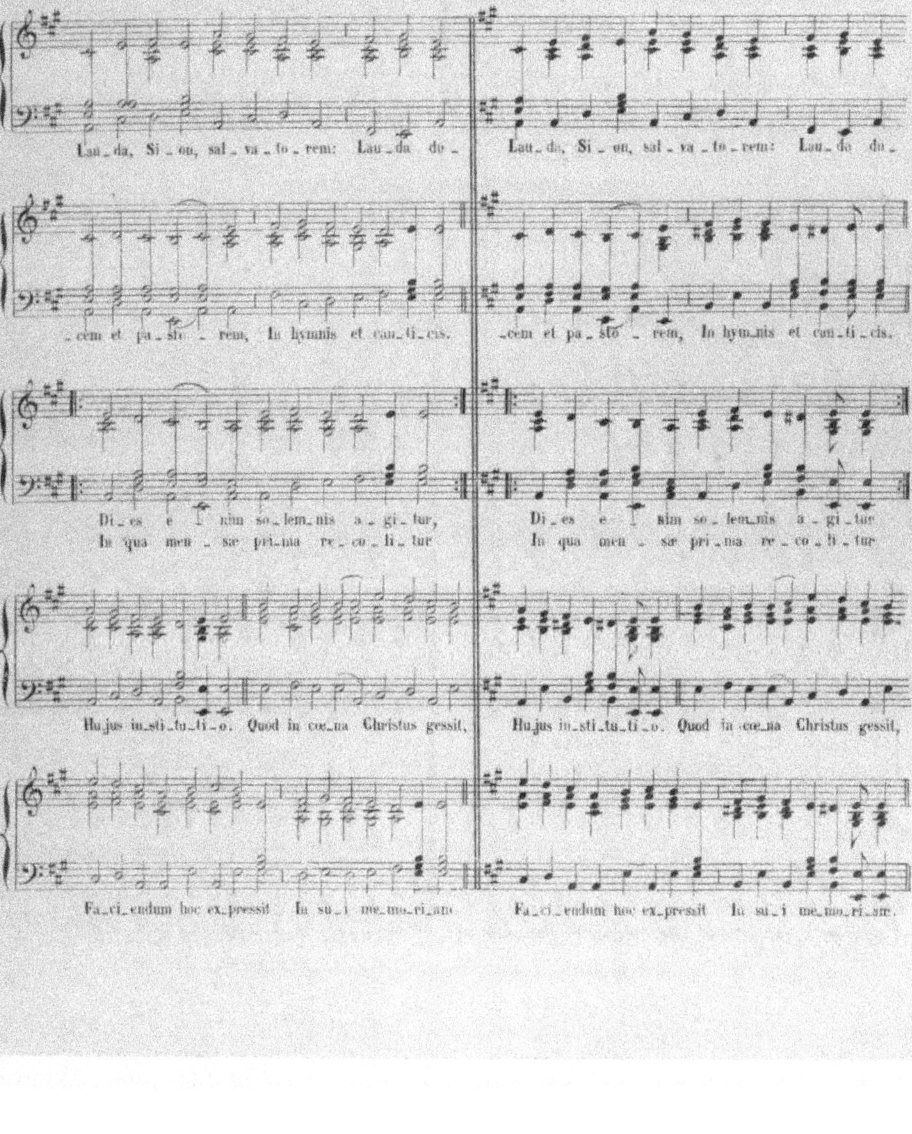

Lau_da, Si_on, sal_va_to_rem: Lau_da du_

Lau_da, Si_on, sal_va_to_rem: Lau_da du_

_cem et pa_sto_rem, In hymnis et can_ti_cis.

_cem et pa_sto_rem, In hym_nis et can_ti_cis.

Di_es e_nim so_lem_nis a_gi_tur,
In qua men_sæ pri_ma re_co_li_tur

Di_es e_nim so_lem_nis a_gi_tur
In qua men_sæ pri_ma re_co_li_tur

Hu_jus in_sti_tu_ti_o. Quod in cœ_na Christus gessit,

Hu_jus in_sti_tu_ti_o. Quod in cœ_na Christus gessit,

Fa_ci_endum hoc ex_pressit In su_i me_mo_ri_am.

Fa_ci_endum hoc ex_pressit In su_i me_mo_ri_am.

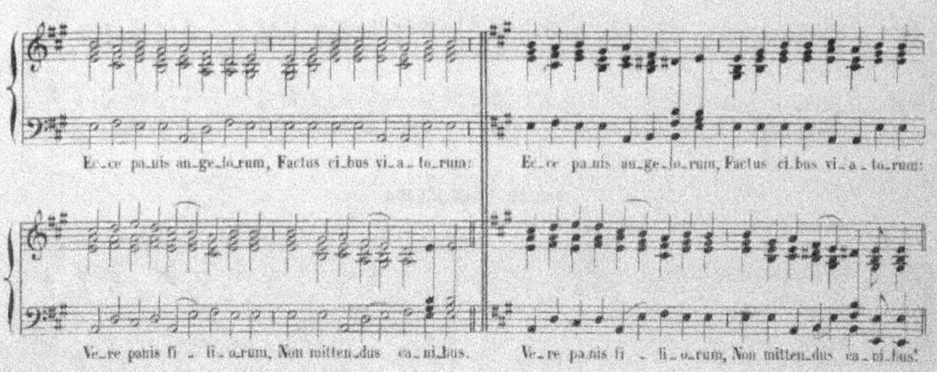

CHANT DU PSAUME ET DU CANTIQUE.

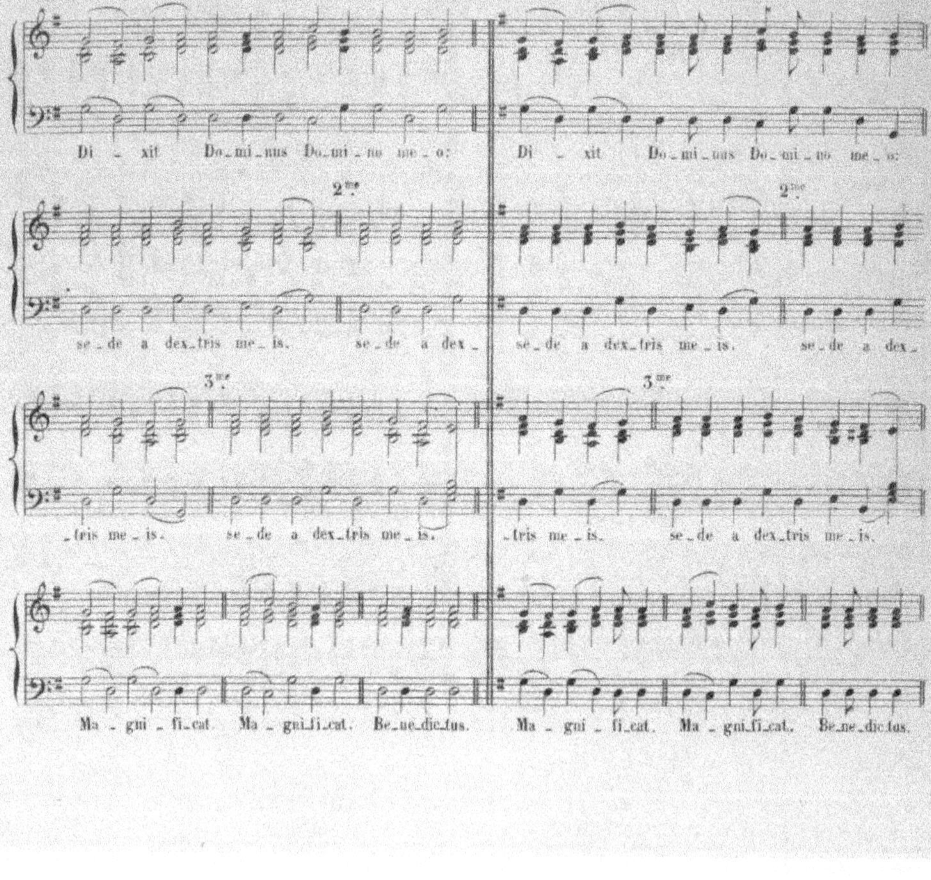

Di _ xit Do_mi_nus Do_mi_no me_o: Di _ xit Do_mi_nus Do_mi_no me_o:

2me 2me

se_de a dex_tris me_is. se_de a dex_ se_de a dex_tris me_is. se_de a dex_

3me 3me

_tris me_is. se_de a dex_tris me_is. _tris me_is. se_de a dex_tris me_is.

Ma _ gni _ fi_cat. Ma_gni_fi_cat. Be_ne_dic_tus. Ma _ gni _ fi_cat. Ma_gni_fi_cat. Be_ne_dic_tus.

14e LEÇON.

8e TON ou MODE HYPOMIXOLYDIEN.

4e PLAGAL.

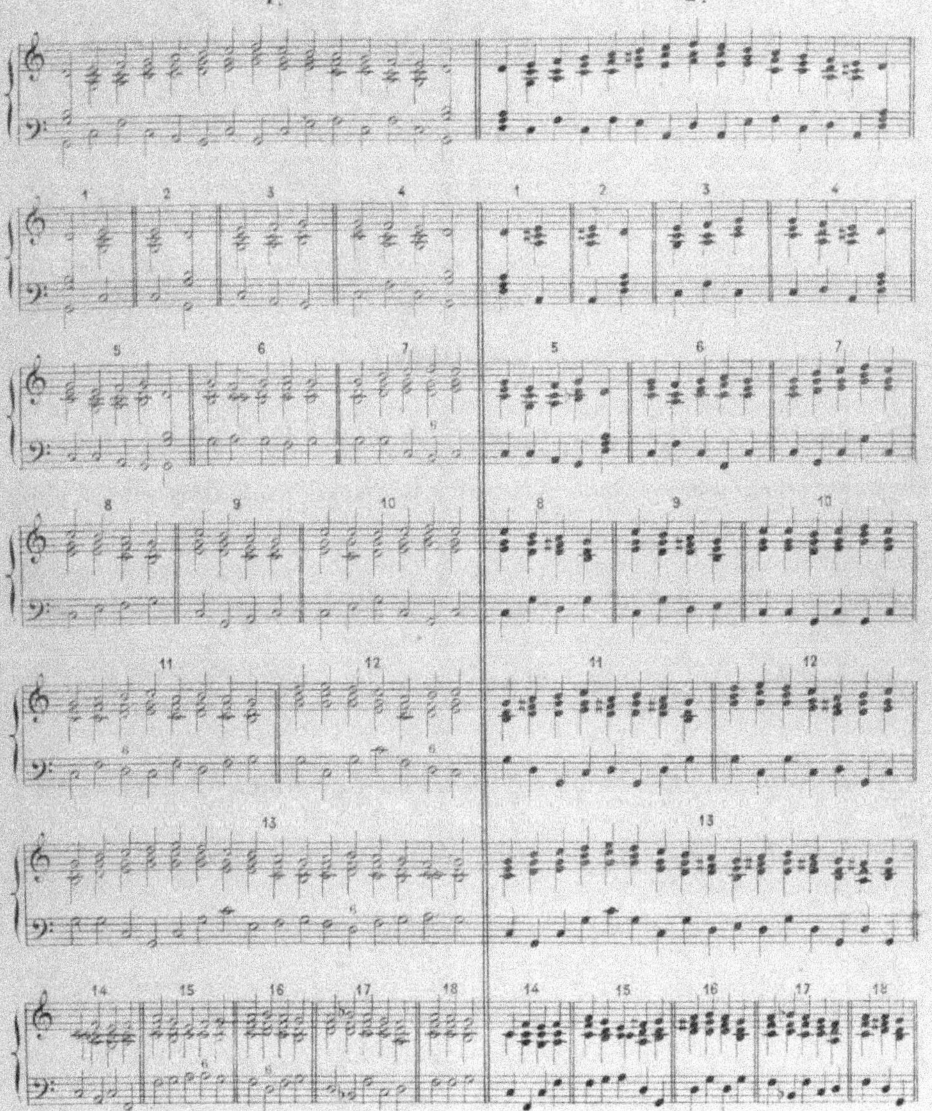

MÉLODIES RÉALISÉES et TRANSPOSÉES D'UN TON.

KYRIE DE LA MESSE DU TEMPS PASCAL.

N.° 1.

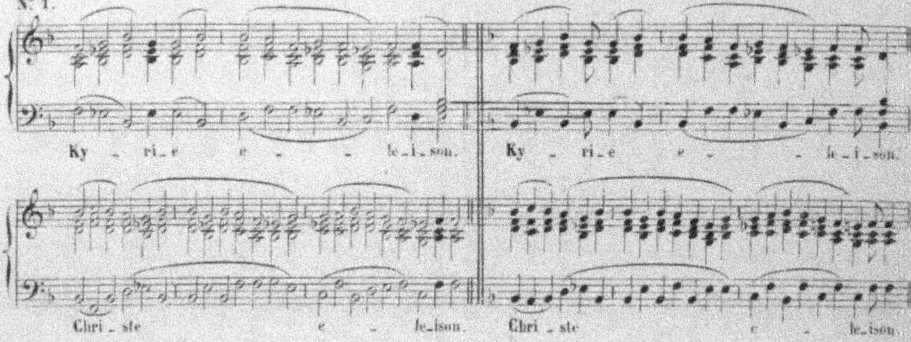

Ky _ ri_e e _ _ le_i_son. Ky _ ri_e e _ _ le_i_son.

Chri _ ste e _ le_ison. Chri _ ste e _ le_ison.

O SALUTARIS.

N.° 2.

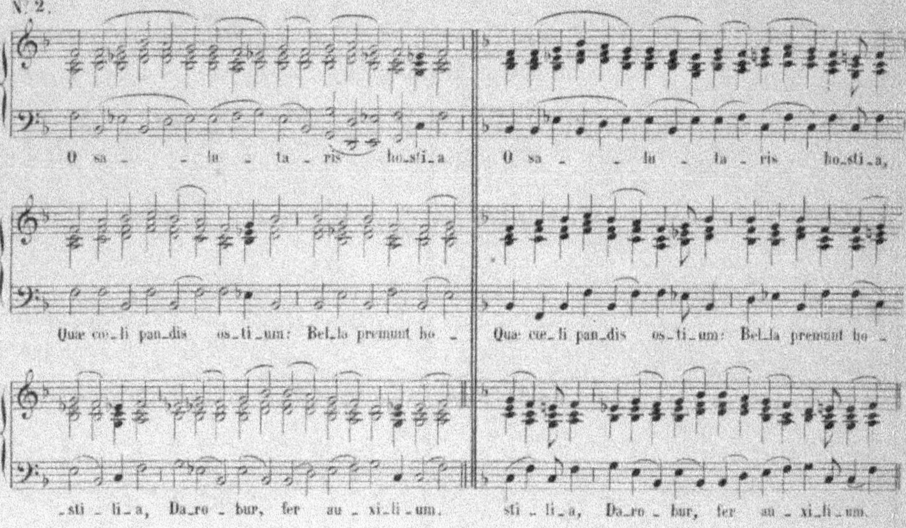

O sa _ _ lu _ ta _ ris ho_sti_a O sa _ _ lu _ ta _ ris ho_sti_a,

Quæ cœ_li pan_dis os_ti_um: Bel_la premunt ho _ Quæ cœ_li pan_dis os_ti_um: Bel_la premunt ho _

_sti _ li_a, Da_ro _ bur, fer au _ xi_li_um. sti _ li_a, Da_ro _ bur, fer au _ xi_li_um.

VENI CREATOR.

N.° 3.

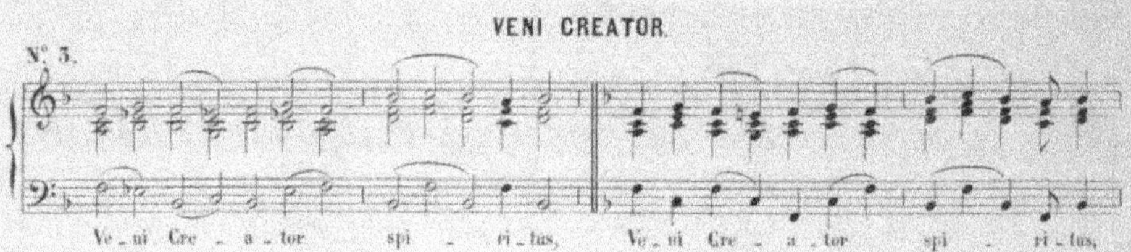

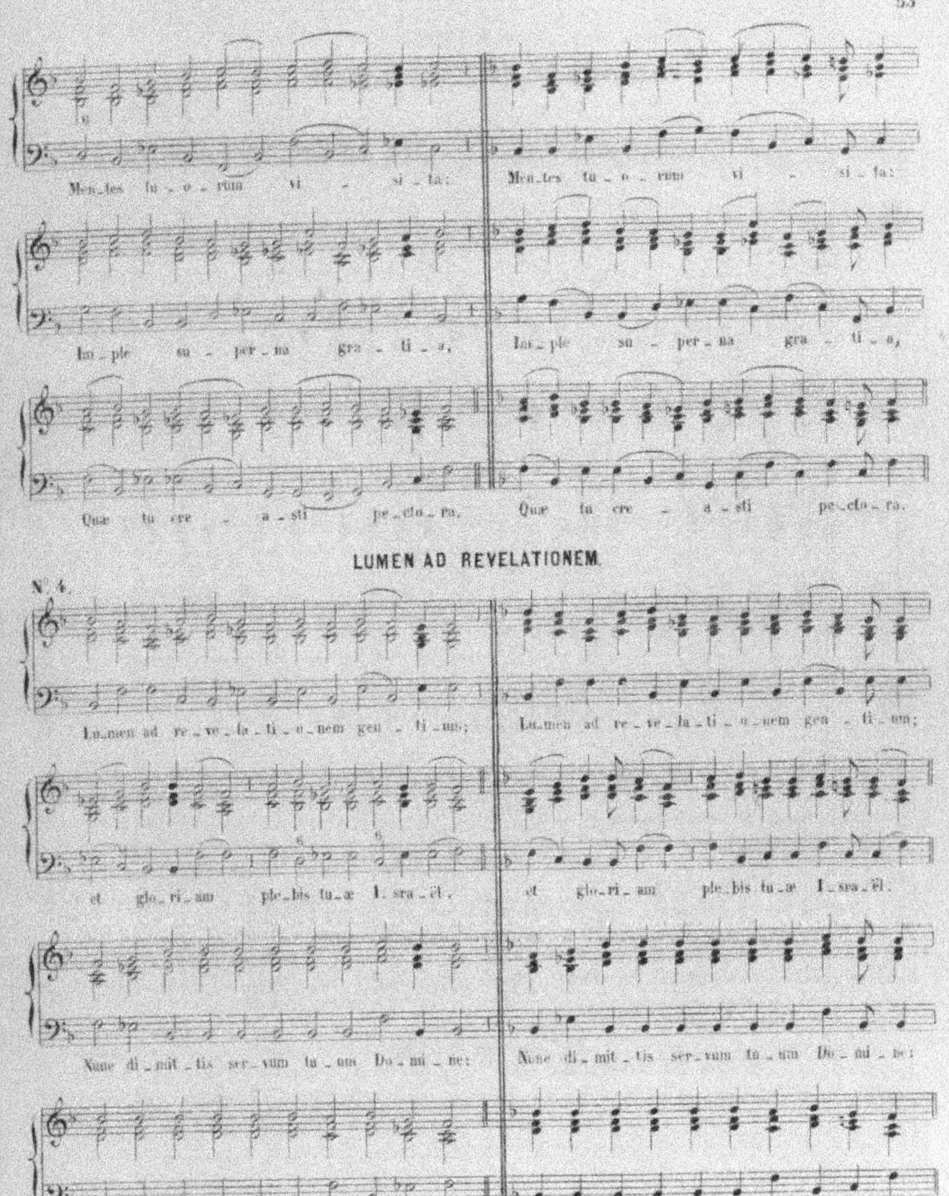
Men_tes tu_o_rum vi - si_ta: Men_tes tu_o_rum vi - si_ta:
Im_ple su_per_na gra_ti_a, Im_ple su_per_na gra_ti_a,
Quæ tu cre - a_sti pe_cto_ra, Quæ tu cre - a_sti pe_cto_ra.
LUMEN AD REVELATIONEM
N. 4.
Lu_men ad re_ve_la_ti_o_nem gen_ti_um; Lu_men ad re_ve_la_ti_o_nem gen_ti_um;
et glo_ri_am ple_bis tu_æ I_sra_ël, et glo_ri_am ple_bis tu_æ I_sra_ël.
Nunc di_mit_tis ser_vum tu_um Do_mi_ne: Nunc di_mit_tis ser_vum tu_um Do_mi_ne:
se_cun_dum ver_bum tu_um in pa_ce. se_cun_dum ver_bum tu_um in pa_ce.

CHANT DU PSAUME ET DU CANTIQUE.

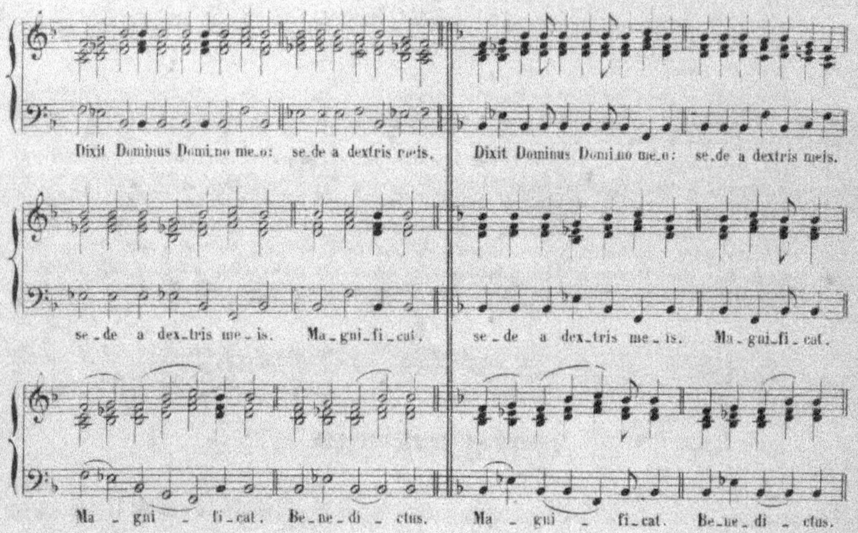

NOTE.

Cette seconde partie, mode de transition, traite de l'accord de 7e dominante et de ses dérivés. Claude Monteverde employa pour la 1re fois l'accord de 7e dominante et jusqu'à la fin du 16e siècle, la tonalité, alors en usage, était celle du plain-chant.

Au moyen de cette nouvelle harmonie, les cadences sont fréquentes, et la modulation se fait par la note sensible, mise en rapport avec le quatrième degré ou par l'accord complet de 7e de dominante.

Nous citons Fétis:

« Tous les tons de la tonalité moderne étant caracterisés par les rapports harmoniques du 4e degré, » de la dominante et de la note sensible, le passage d'un ton à un autre se manifeste d'une manière évi» dente, et le ton se fait immédiatement reconnaître par l'harmonie de ces trois notes. D'où il suit que » l'harmonie dissonante naturelle du 4e degré, de la dominante et de la note sensible, est l'organe de la tran» sition, c'est-a-dire du passage d'un ton dans un autre, et que son introduction dans la musique a fait pas» ser celle-ci de *l'ordre unitonique* dans *l'ordre transitonique.* »

Ce que nous avons dit, dans notre première partie sur l'application de l'accord parfait et de ses dérivés, doit être mis en pratique dans cette seconde partie; la marche en est la même et les exercices y sont fort multiplies. Si l'élève *veut* et *sait* travailler, il en tirera un grand profit pour son instruction musicale.

SECONDE PARTIE.

15e LEÇON.

ÉTUDE ET EMPLOI DE L'ACCORD DISSONANT.

Le caractère d'appellation qui fait pressentir la transition d'un ton à un autre est déterminé, par le rapport attractif du 4e degré avec la note sensible dont se compose ce second accord fondamental, dit accord de 7e de dominante.

Les deux intervalles, la 7e et la sensible, ont une marche obligatoire et déterminent d'une manière précise et absolue le ton auquel appartient l'accord.

L'élément attractif fait absolument défaut dans les accords consonnants.

L'accord de 7e de dominante est ainsi appelé, parce qu'il a sa fondamentale sur la dominante (5e note) et que ses intervalles constitutifs ne se trouvent que sur cette note. Ces intervalles sont: la tierce majeure, la quinte juste et la 7e mineure. La nature de ces intervalles est la même dans les deux modes.

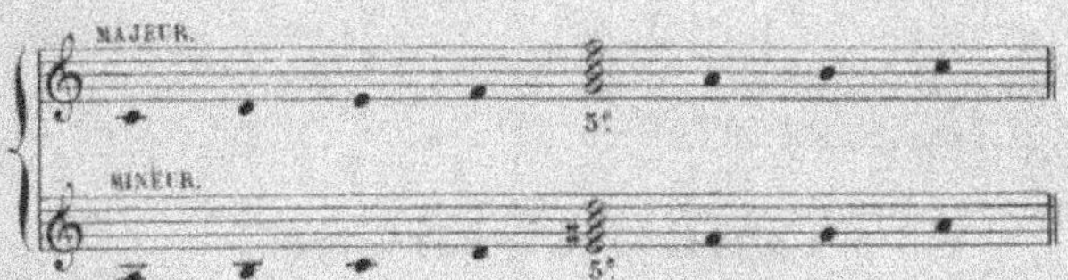

La dissonance de 7e descend d'un degré et la sensible monte d'un degré à la tonique. La quinte a la marche libre et peut, par conséquent, monter ou descendre.

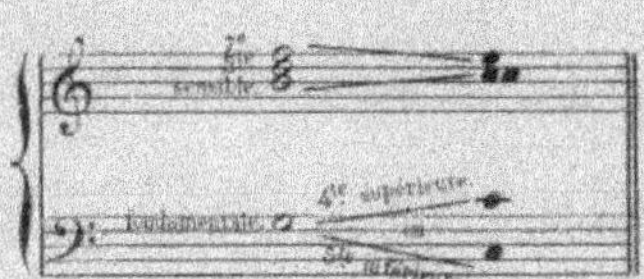

Composé de quatre sons, l'accord de 7e de dominante a trois renversements ou derivés.

Le 1er renversement se pose sur la *sensible* et se compose de tierce mineure, de quinte diminuée et de sixte mineure. Son chiffre est $\frac{6}{5}$.

Le 2e renversement se pose sur la *sus-tonique* et se compose de tierce mineure, de quarte juste et de sixte majeure. Son chiffre est $\frac{6}{4}$.

Le 3e renversement se pose sur la *sous-dominante* et se compose de seconde majeure, de quarte augmentée et de sixte majeure. Son chiffre est 2.

MANIÈRE DE CHIFFRER L'ACCORD DE 7e ET SES RENVERSEMENTS.

MOUVEMENT ATTRACTIF DE LA 7e ET DE LA NOTE SENSIBLE.

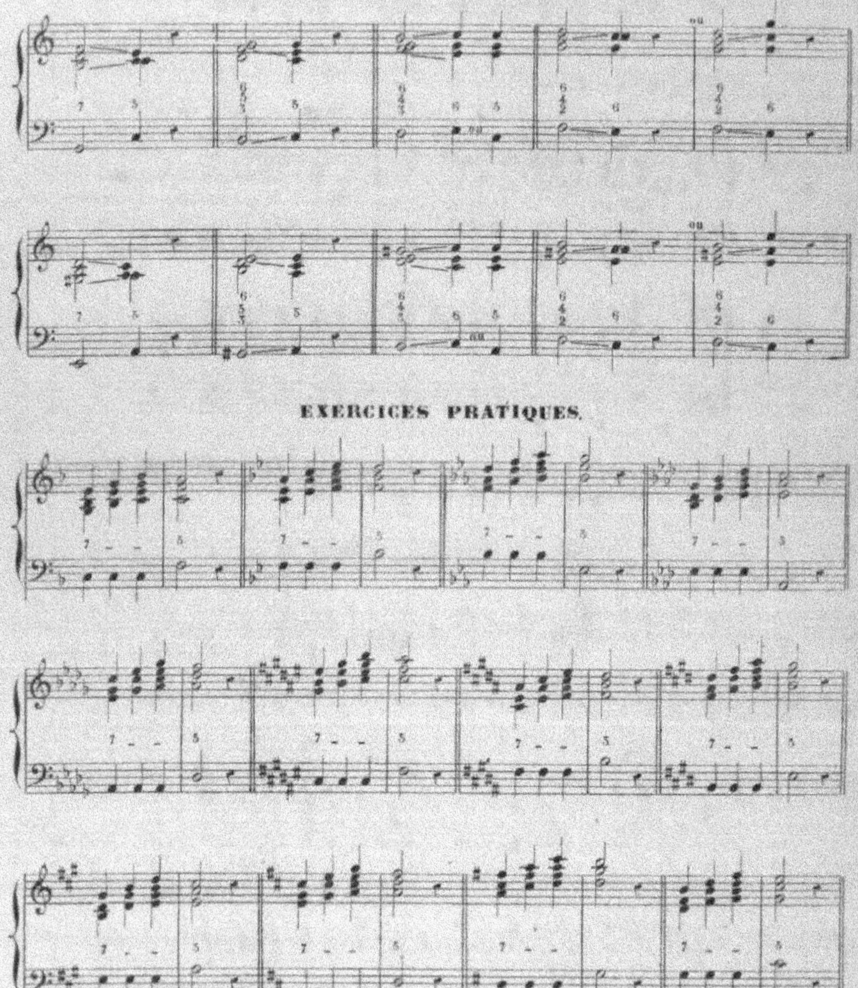

EXERCICES PRATIQUES.

16e LEÇON.

L'ACCORD DE 7e AVEC SES 3 RENVERSEMENTS DANS TOUS LES TONS.

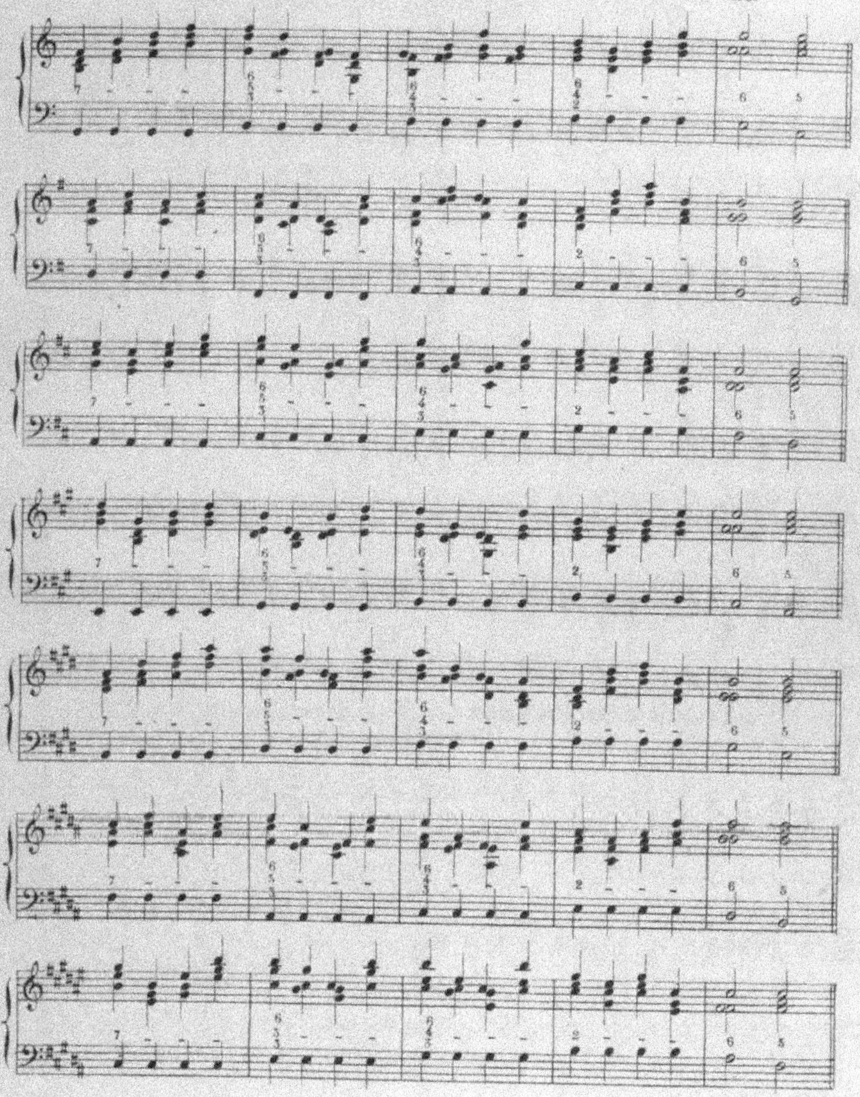

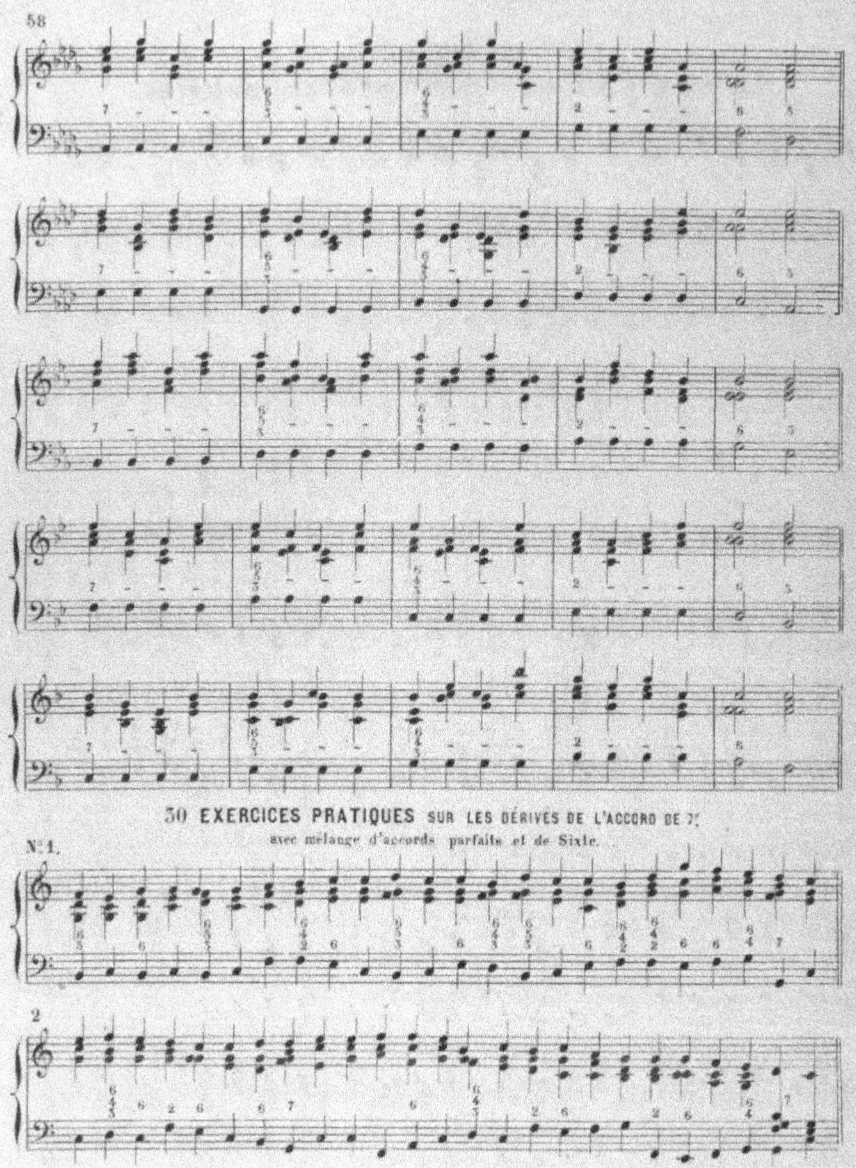

Chaque exercice peut être joué dans différents tons.

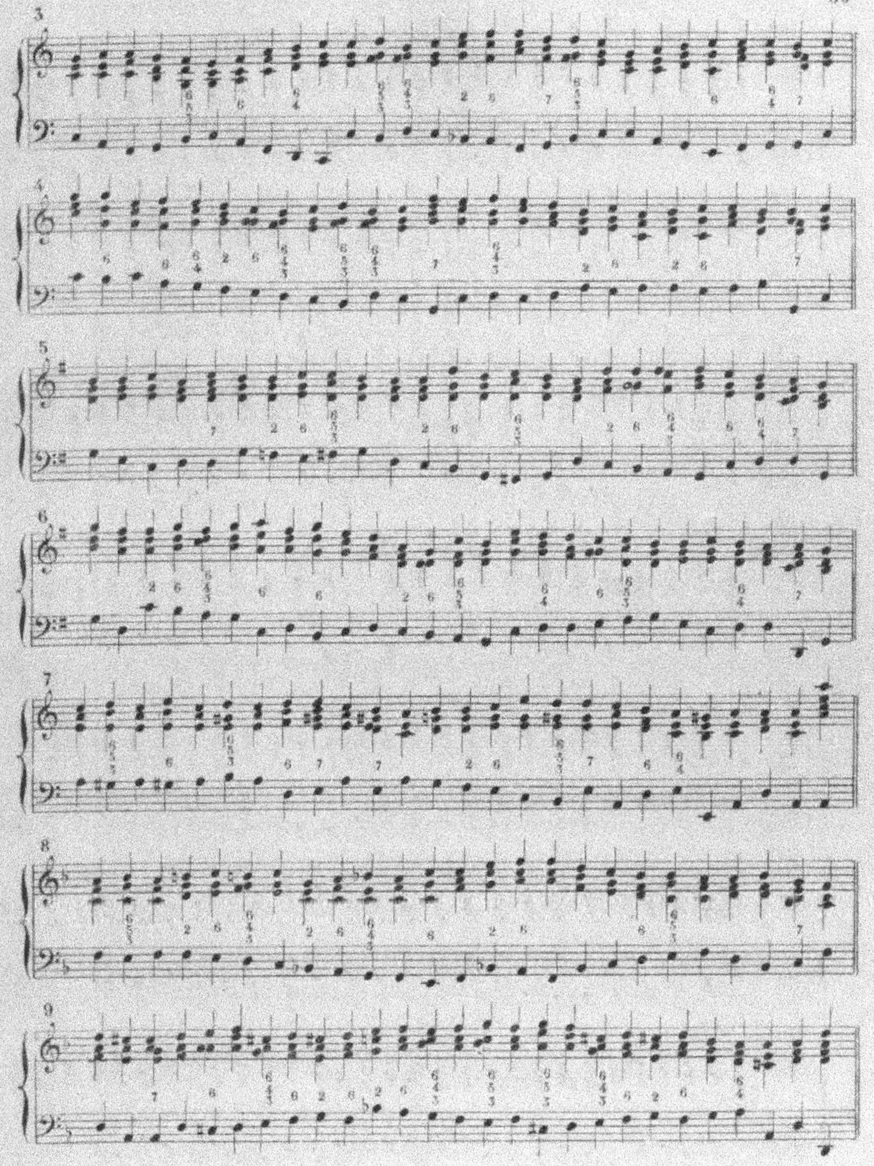

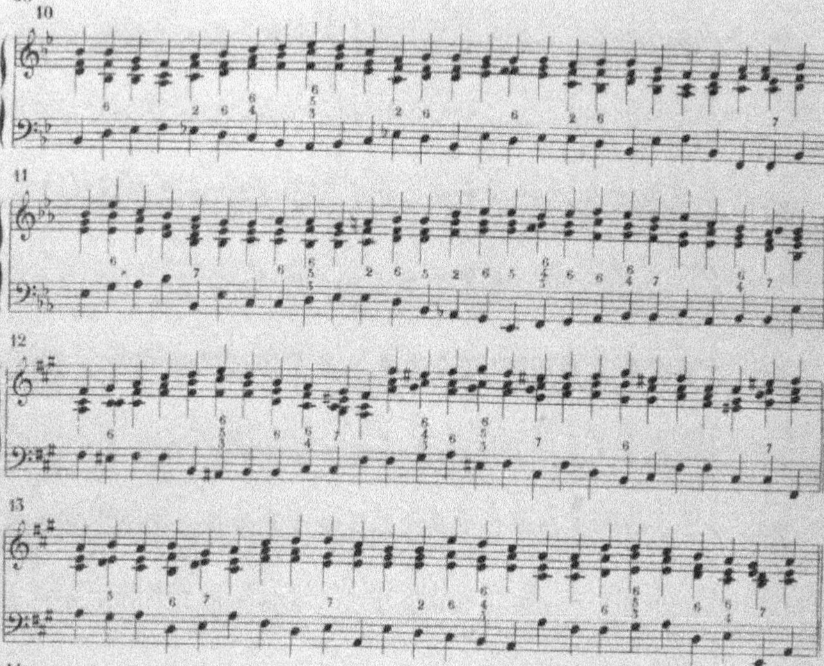

10

11

12

13

14

15

16

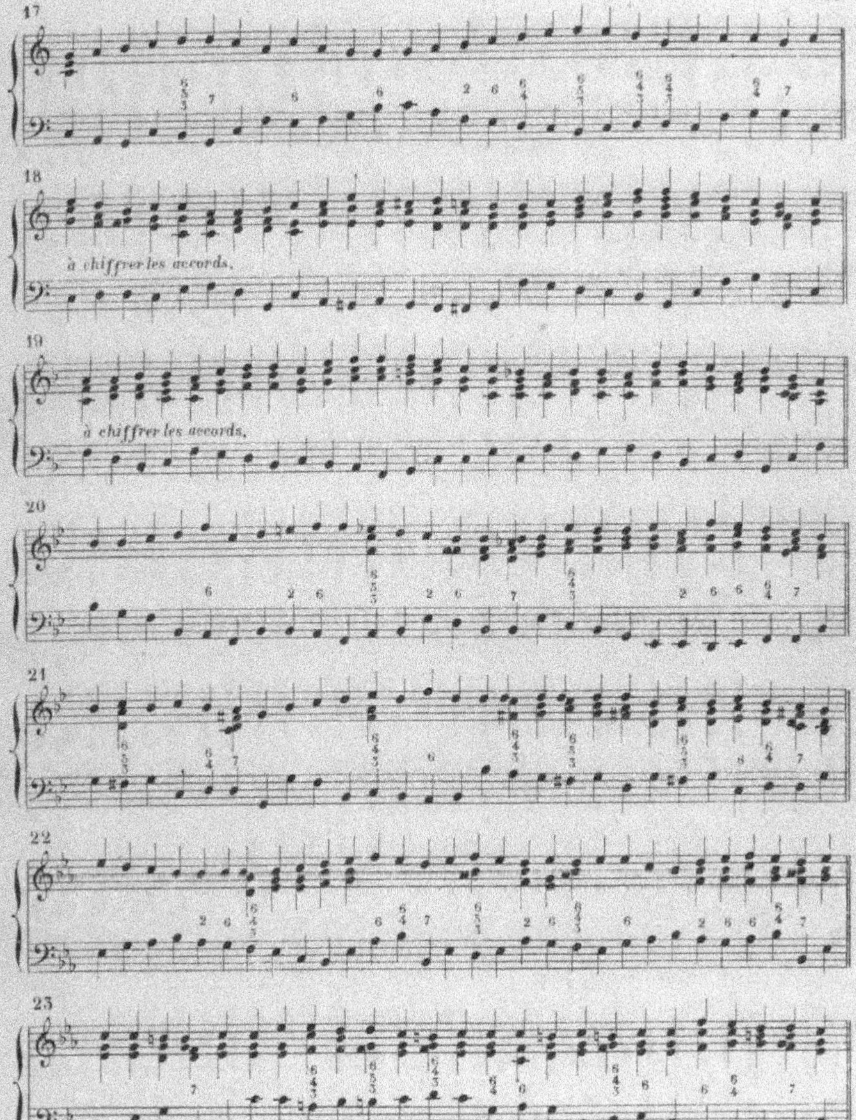
17
18
à chiffrer les accords.
19
à chiffrer les accords.
20
21
22
23

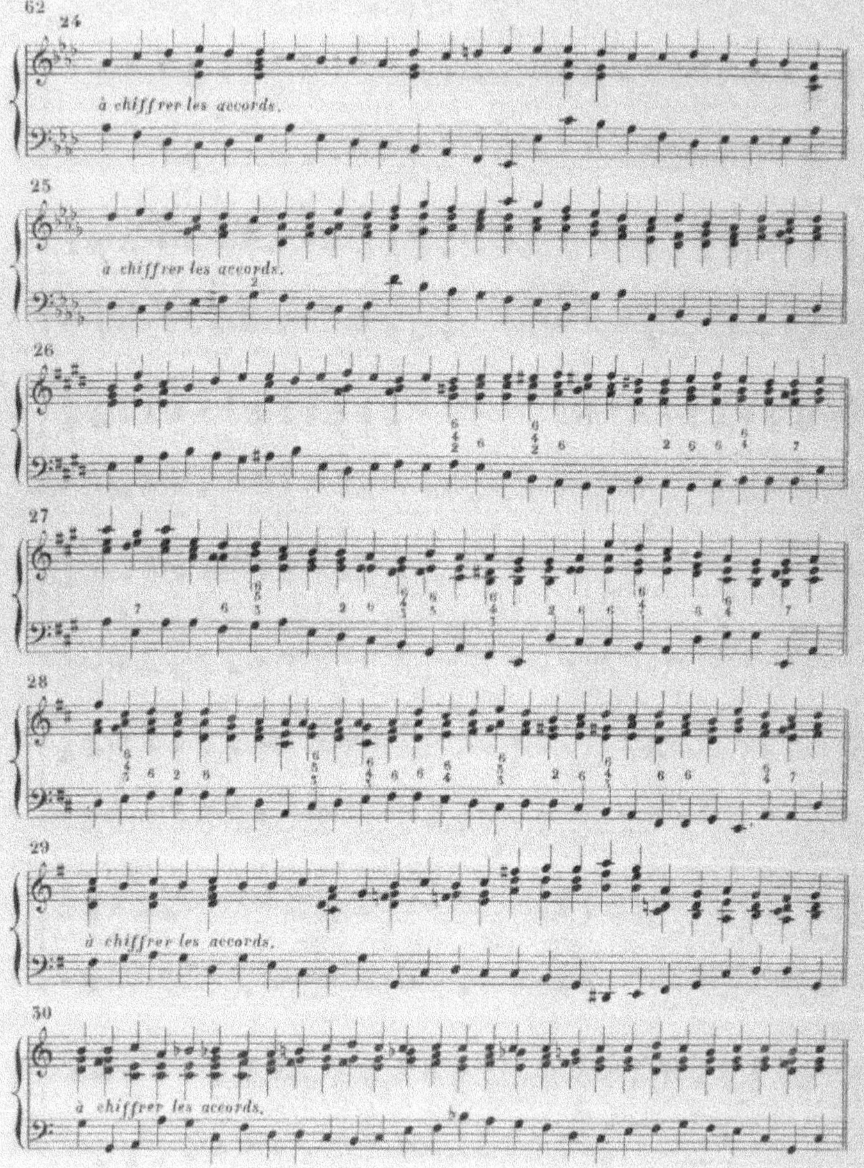
24
à chiffrer les accords.
25
à chiffrer les accords.
26
27
28
29
à chiffrer les accords.
30
à chiffrer les accords.

17ᵉ LEÇON.

LA MODULATION.

On appelle modulation, le passage d'un ton à un autre.

Les gammes des six premières notes d'une tonalité principale sont dans un rapprochement mutuel, sont liées entre elles, mélodiquement, par 5 ou 6 notes communes et, harmoniquement, par trois ou quatre accords pareils.

TONALITÉ PRINCIPALE.

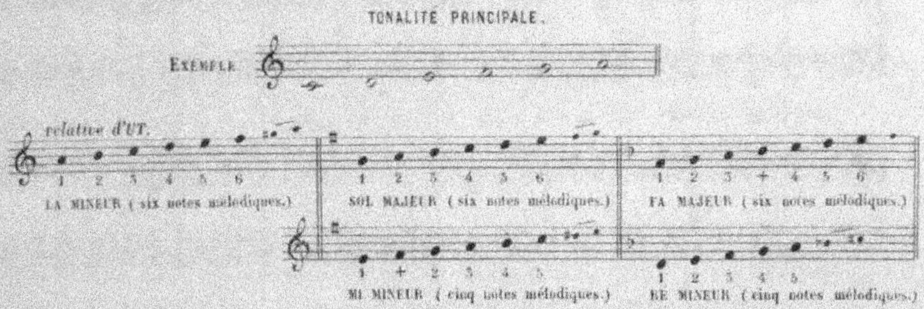

Ces cinq tonalités, qui ne diffèrent l'une de l'autre que par un seul accident, sont appelées, en harmonie, relatives ou voisines; elles s'enchainent naturellement et sont subordonnées à l'accord de tonique, c'est-à-dire au ton principal.

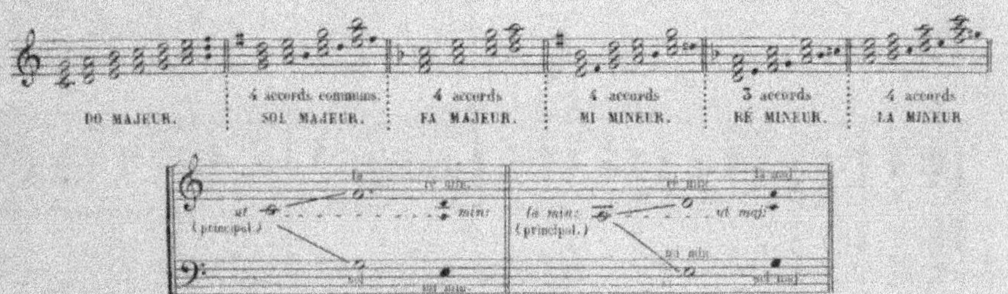

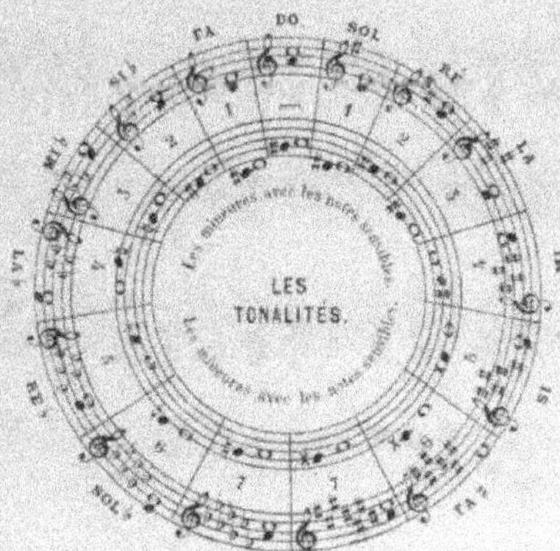

Sous le nom de tonalité, on comprend l'ensemble des sons de la gamme.

Les mots *majeur* et *mineur* sont des qualifications, qui déterminent la manière d'être de la gamme diatonique.

Être dans le ton de *do*, de *sol*, de *la*, etc; signifie les sons des gammes de *do*, de *sol*, de *la*, etc., et que la musique est composée au moyen de ces sons, appartenant aux gammes respectives.

Le cercle des tonalités reproduit clairement, les tons majeurs dans la portée extérieure, et les tons mineurs, avec leurs sensibles, dans la portée intérieure.

L'armure des tons majeurs (portée extérieure) est celle des tons mineurs, qui ne sont séparés des tons majeurs que par l'intervalle de tierce mineure.

18e LEÇON.

MODULATIONS PAR LE MOYEN DE L'ACCORD DE 7e DE DOMINANTE.

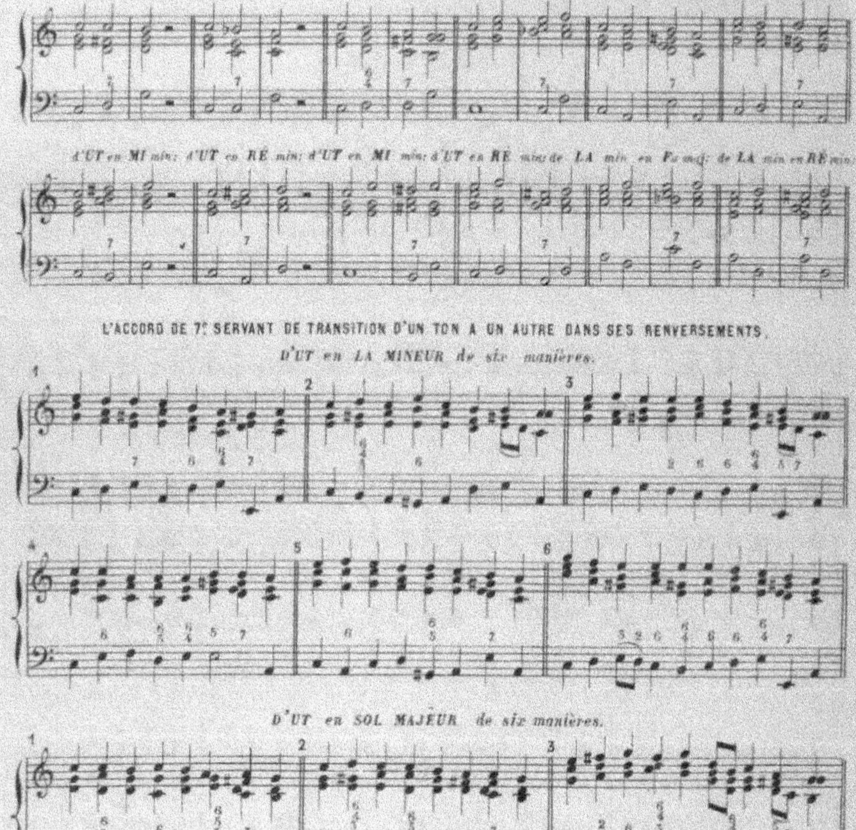

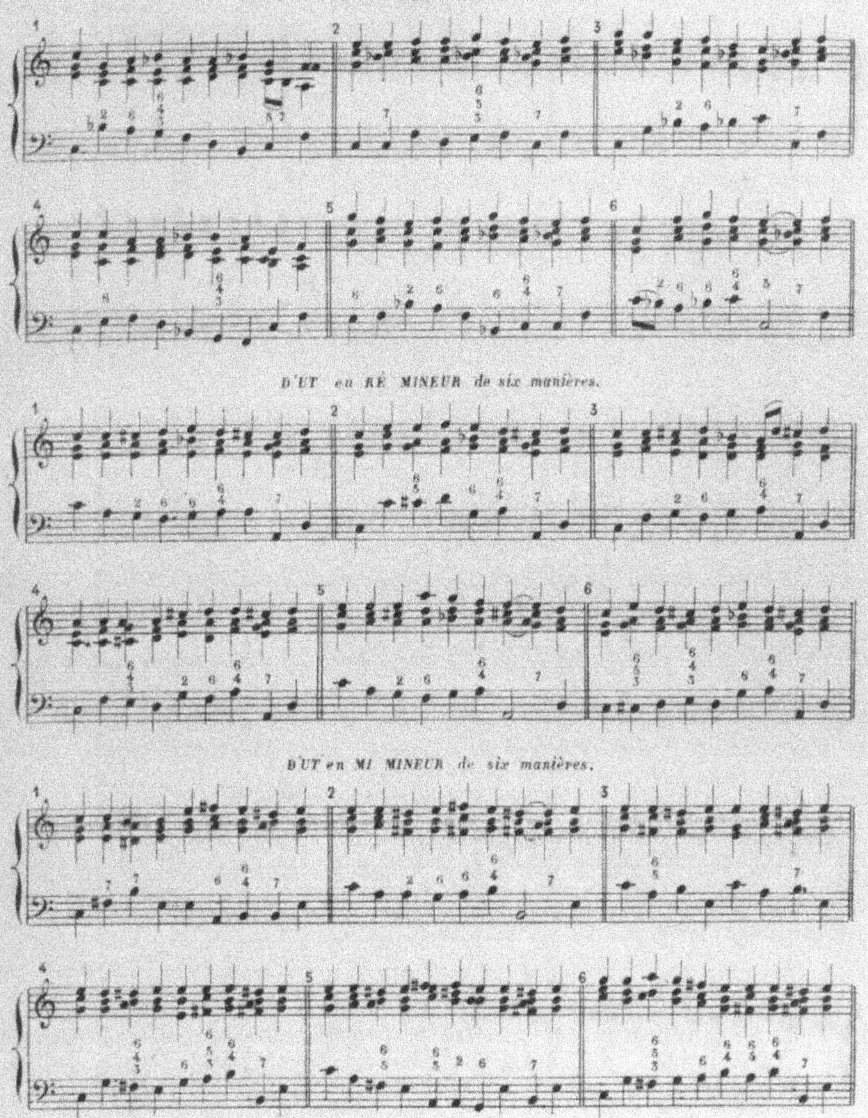
D'UT en FA MAJEUR de six manières.
D'UT en RÉ MINEUR de six manières.
D'UT en MI MINEUR de six manières.

RETOUR en UT.

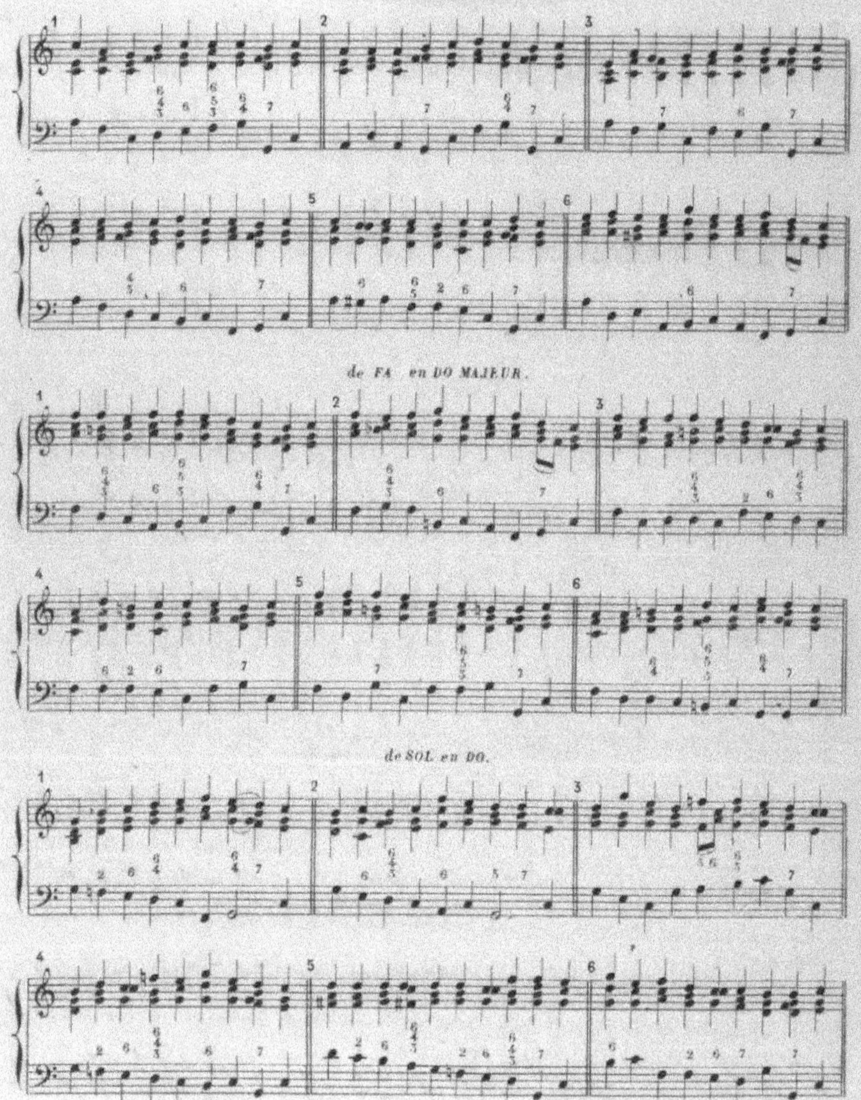

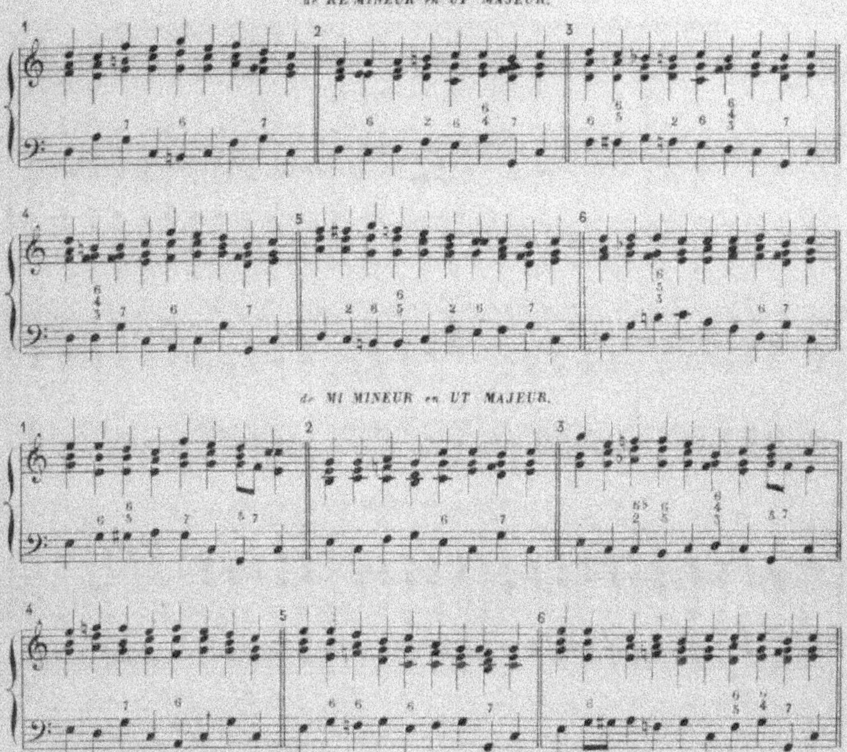

REMARQUE.

Nous n'avons donné, dans nos exercices pratiques, que les indications générales de basse chiffrée.

Les intervalles diminués s'écrivent par des chiffres barrés et les augmentés, par le chiffre de l'intervalle, augmenté du ♯ ou du ♮ qui produit l'augmentation. Nous ne pouvons donner, dans son entier, cette sorte de sténographie musicale, qui a subi dans tous les traités d'harmonie diverses modifications.

Du reste, l'ouvrage ne comporte pas l'étendue de cette matière qui appartient à un ouvrage spécial d'harmonie, où tous les accords de 7e sont traités. Les accords étrangers et non analysés serviront simplement de lecture et de bonne préparation pour former l'oreille aux combinaisons harmoniques.

CENT FORMULES RÉDUITES

AUXQUELLES L'ÉLÈVE AJOUTERA UN PRÉLUDE EXTRAIT DES PRÉCÉDENTES MODULATIONS.

Les modulations dans les tons relatifs sont les plus naturelles et les plus utiles.

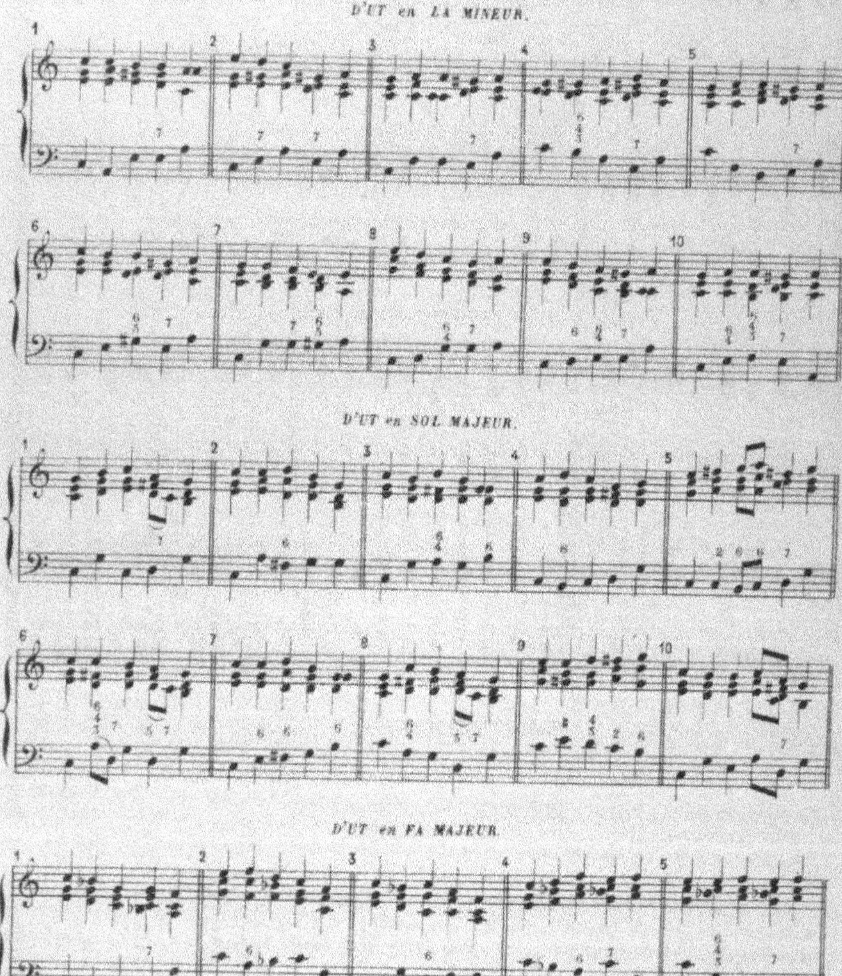

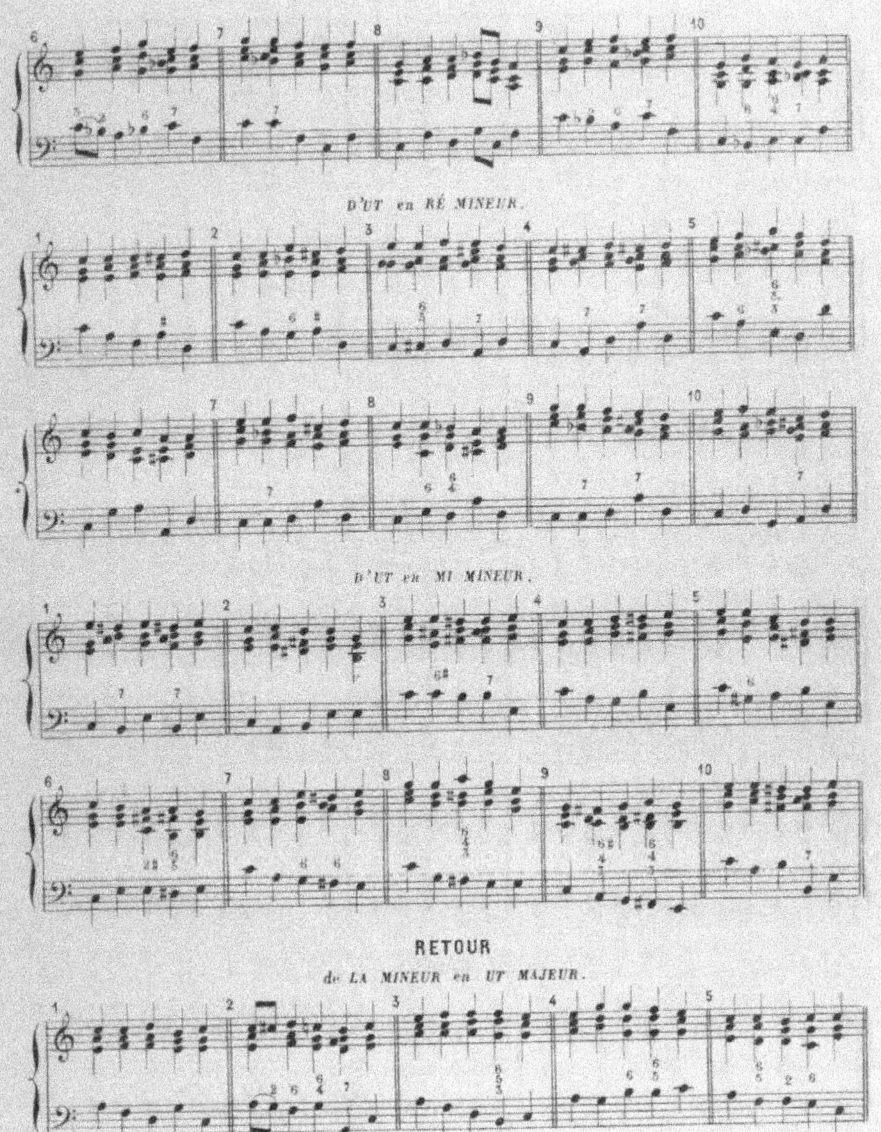
D'UT en RÉ MINEUR.
D'UT en MI MINEUR.
RETOUR
de LA MINEUR en UT MAJEUR.

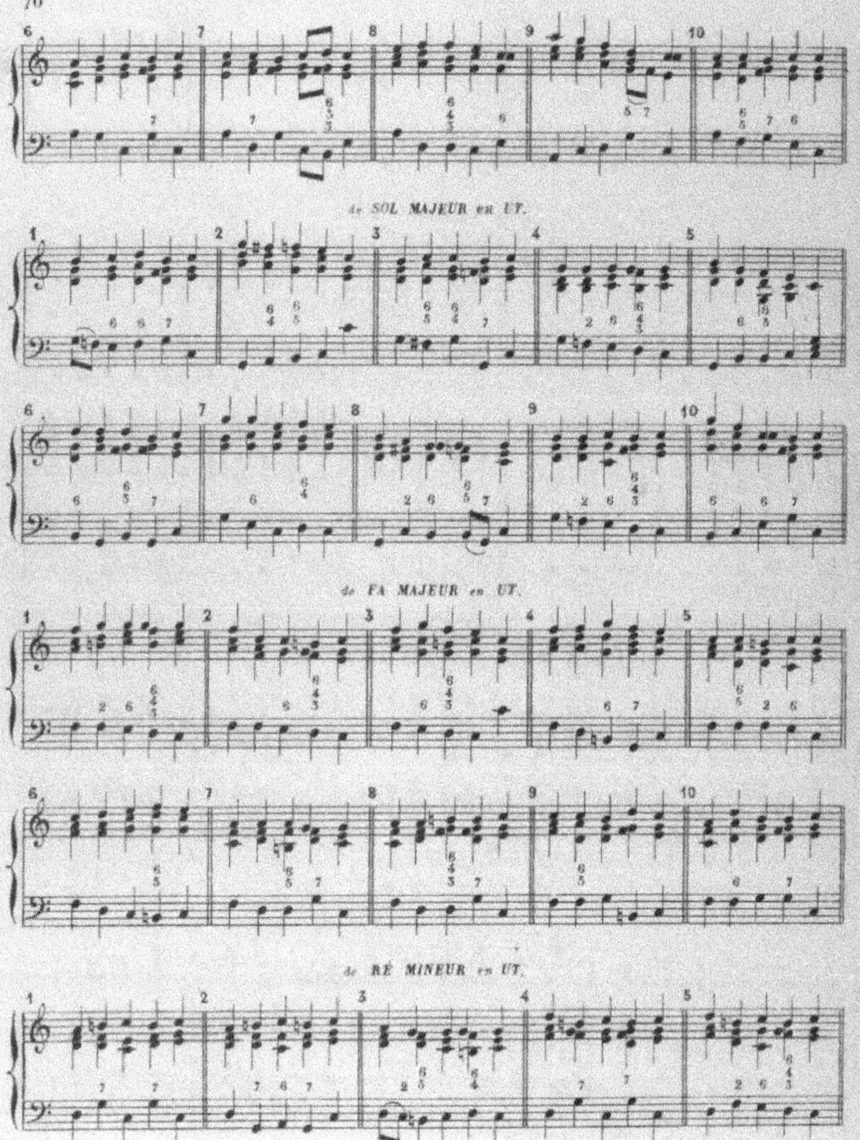
de SOL MAJEUR en UT.
de FA MAJEUR en UT.
de RÉ MINEUR en UT.

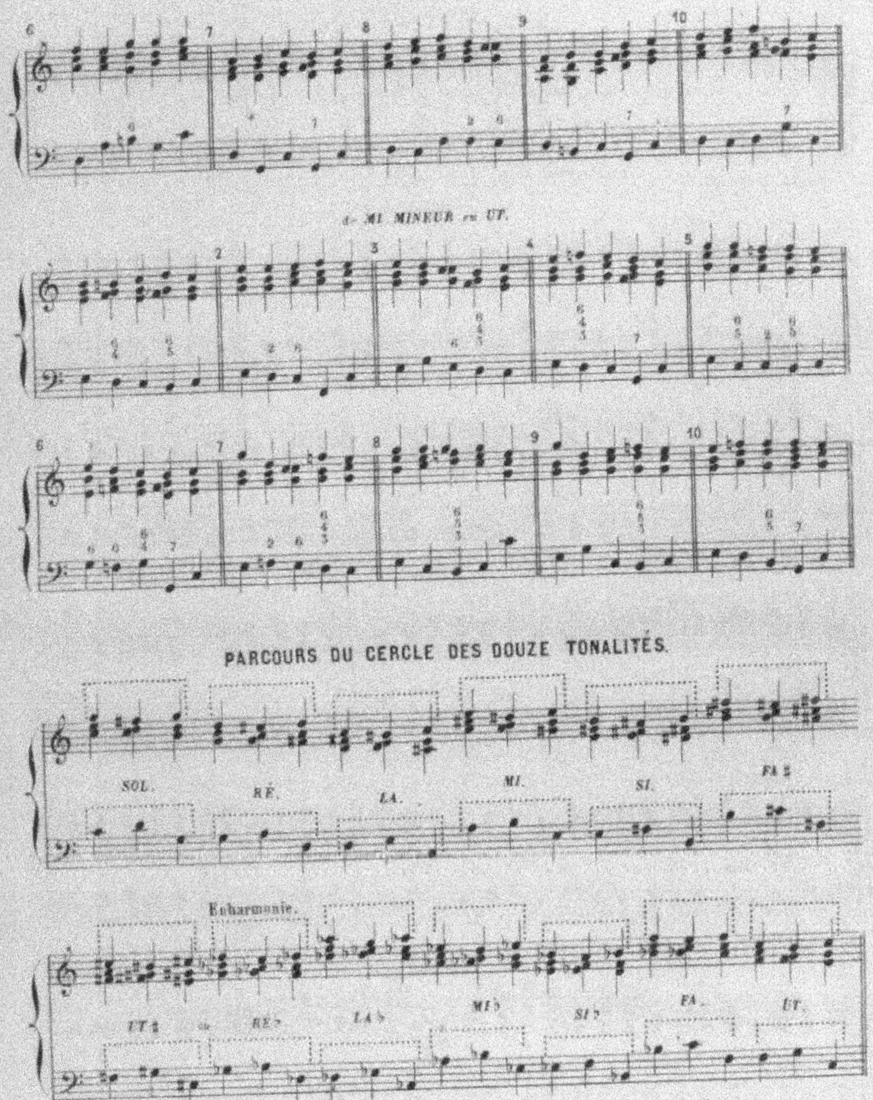
4. MI MINEUR en UT.
PARCOURS DU CERCLE DES DOUZE TONALITÉS.
SOL.
RÉ.
LA.
MI.
SI.
FA♯
Enharmonie.
UT♯
RÉ♭
LA♭
MI♭
SI♭
FA.
UT.

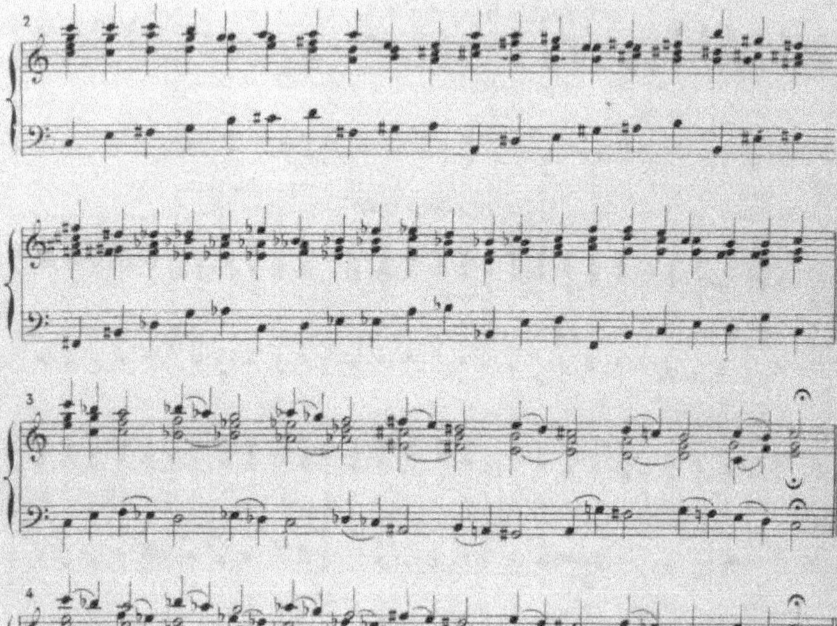

2

3

4

5

Réduit.

6

19e LEÇON.

DES MODULATIONS AUX TONS ÉLOIGNÉS.

Les modulations aux tons éloignés ne peuvent être déterminées par des règles positives. Elles s'opèrent par le changement de mode, par l'emploi d'accords intermediaires, par des transitions enharmoniques, etc etc.

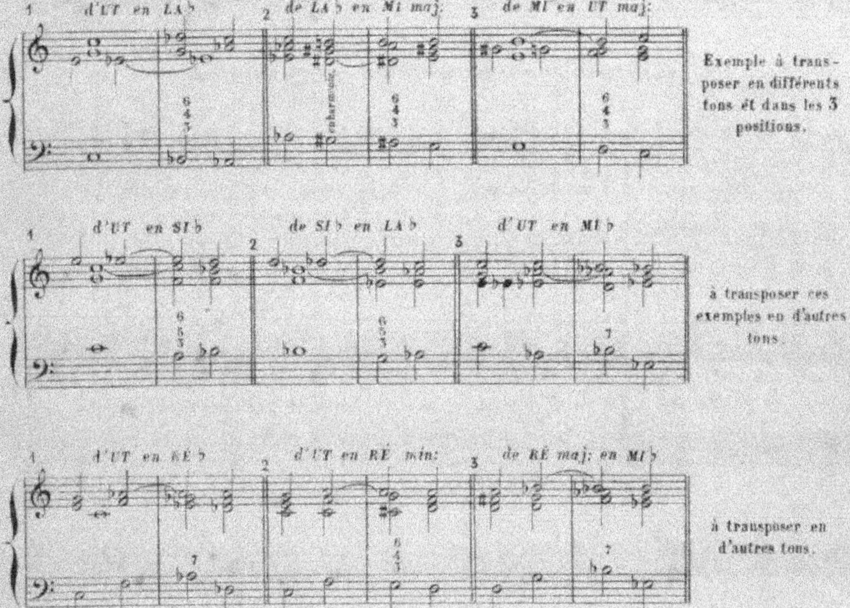

FORMULES HARMONIQUES POUR FAIRE TOUTES SORTES DE TRANSITIONS FORTES. [1]

1° _ POUR MONTER D'UN DEMI-TON: (LES 2 TONS MAJEURS.)

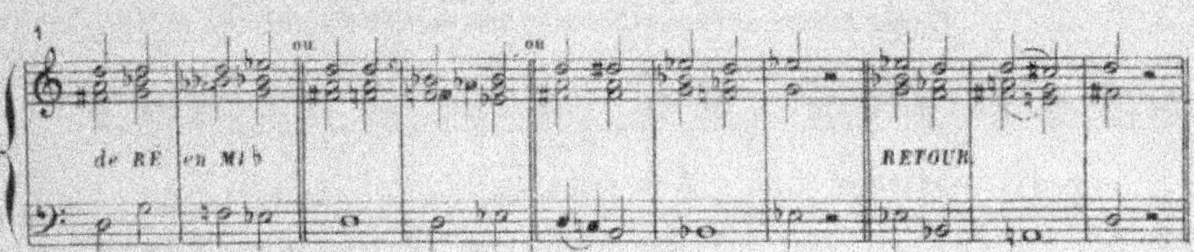

[1] Ces formules harmoniques peuvent être transposées dans les tonalités les plus usitées.

2°. POUR MONTER D'UNE TIERCE MINEURE et MAJEURE.

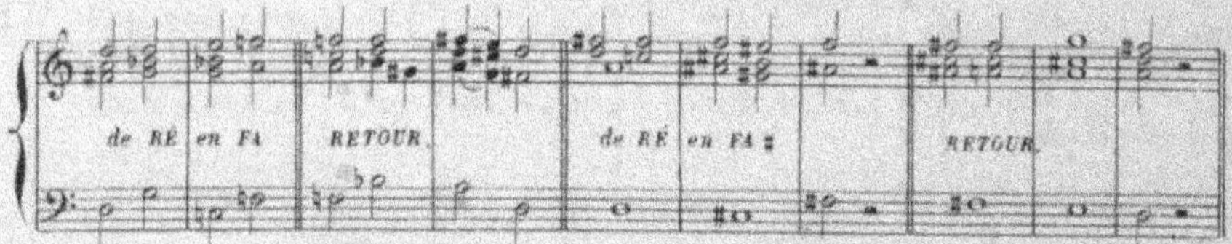

3°. POUR MODULER D'UN TON MAJEUR DANS TOUS LES TONS MAJEURS.

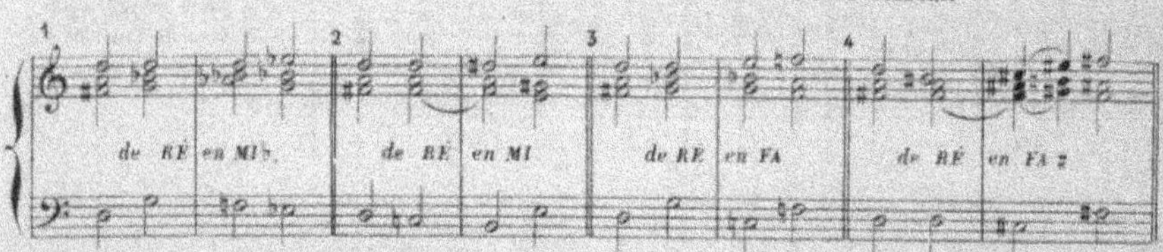

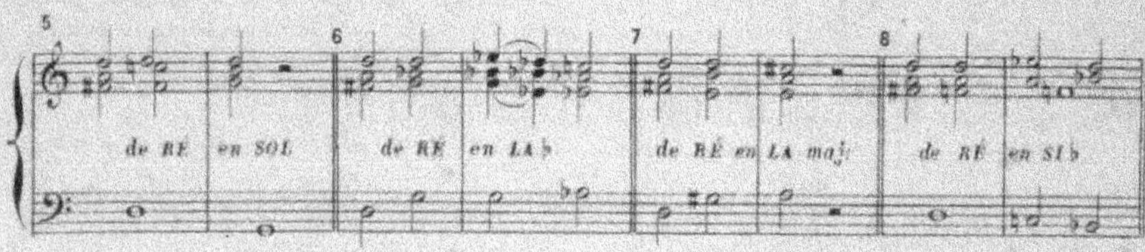

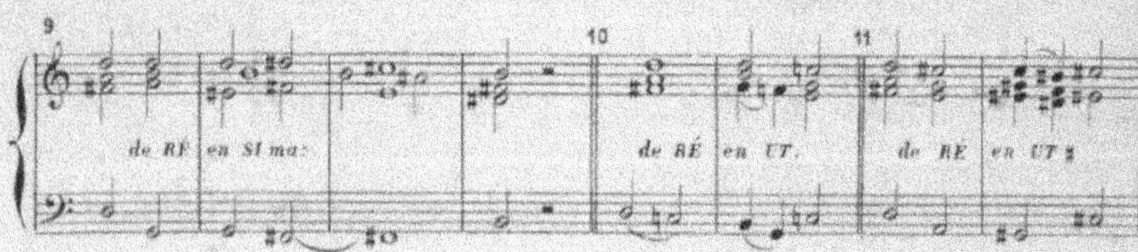

4°. POUR MODULER D'UN TON MAJEUR DANS TOUS LES TONS MINEURS.

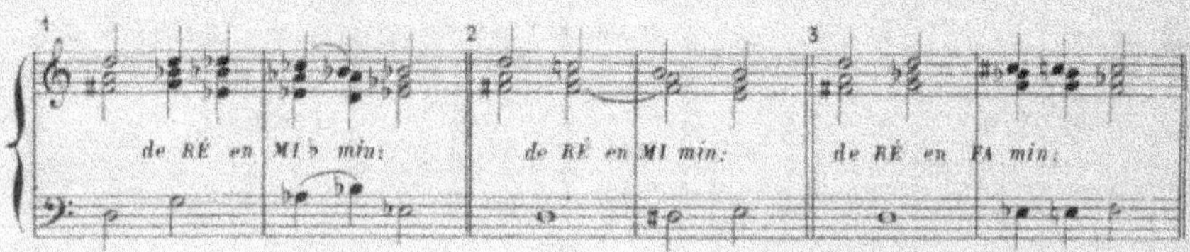

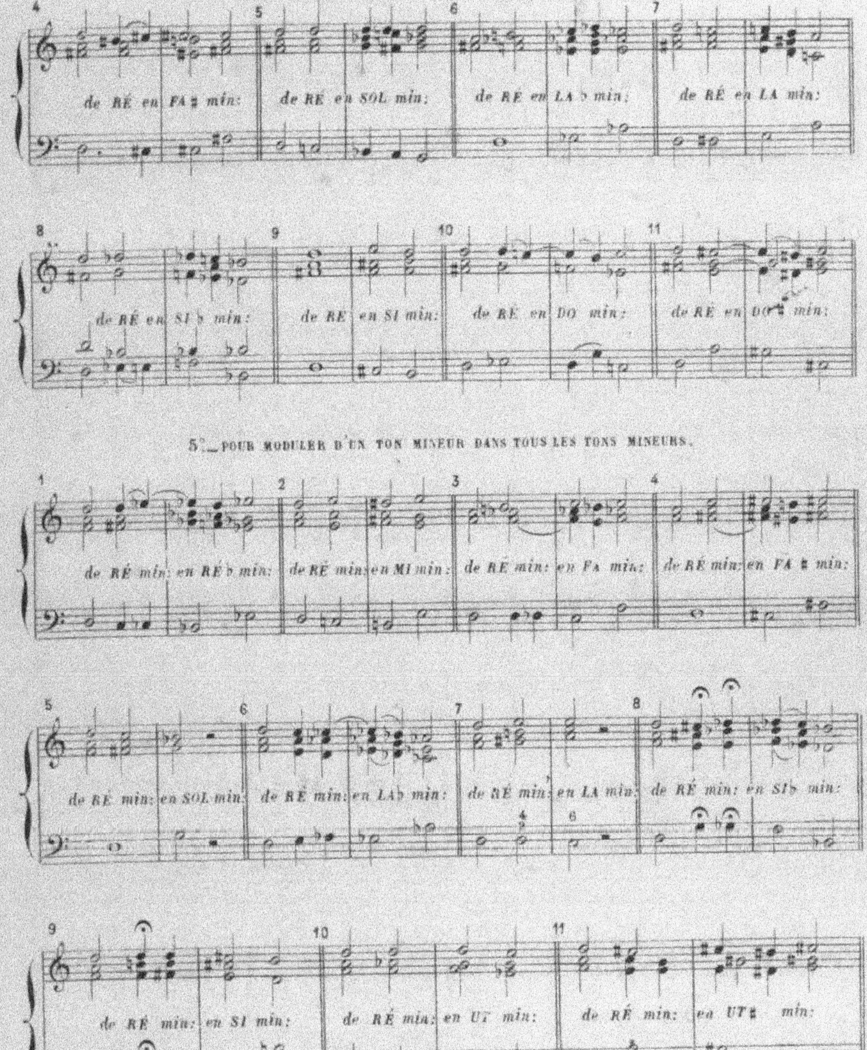
de RÉ en FA ♯ min:
de RÉ en SOL min:
de RÉ en LA ♭ min:
de RÉ en LA min:
de RÉ en SI ♭ min:
de RÉ en SI min:
de RÉ en DO min:
de RÉ en DO ♯ min:
5°_ POUR MODULER D'UN TON MINEUR DANS TOUS LES TONS MINEURS.
de RÉ min: en RÉ ♭ min:
de RÉ min: en MI min:
de RÉ min: en FA min:
de RÉ min: en FA ♯ min:
de RÉ min: en SOL min:
de RÉ min: en LA♭ min:
de RÉ min: en LA min:
de RÉ min: en SI♭ min:
de RÉ min: en SI min:
de RÉ min: en UT min:
de RÉ min: en UT ♯ min:

126 PRÉLUDES CORRESPONDANT AUX DIFFÉRENTS TONS DU PLAIN CHANT (1).

EN RÉ MINEUR.

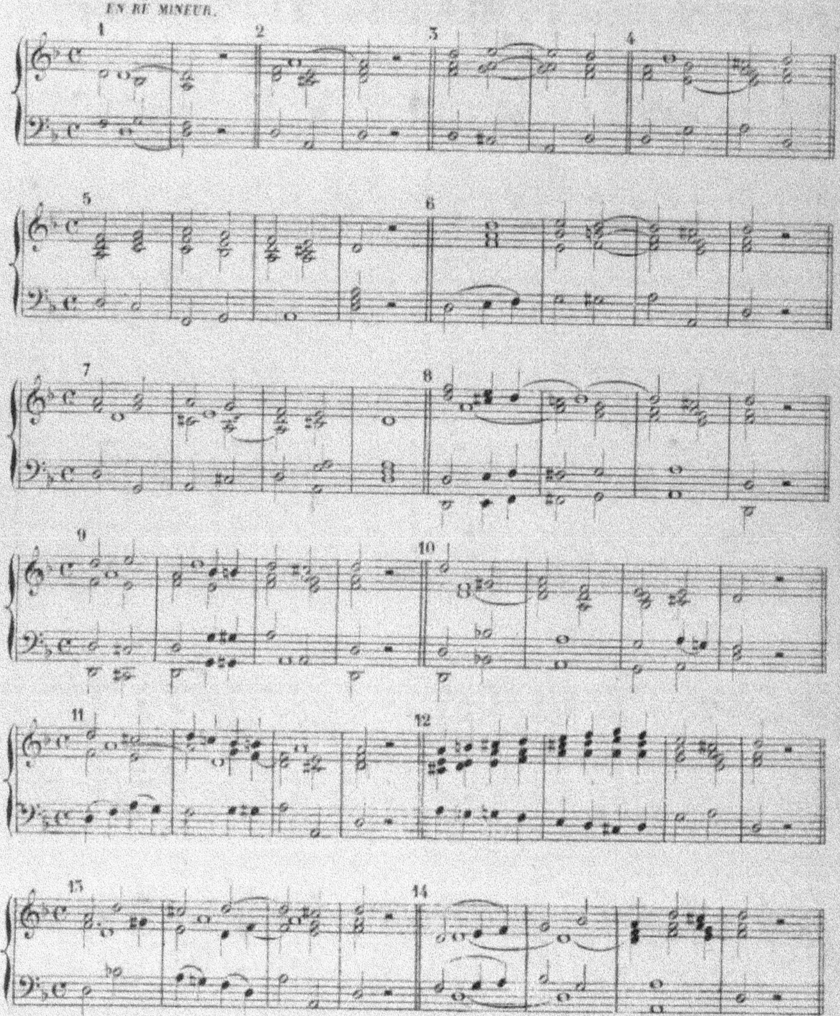

(1) Ces petits préludes, de quatre ou huit mesures, peuvent servir d'établissement de ton ou d'entre-jeux; on les jouera lentement d'abord puis dans un mouvement allant du Moderato à l'Allegro.

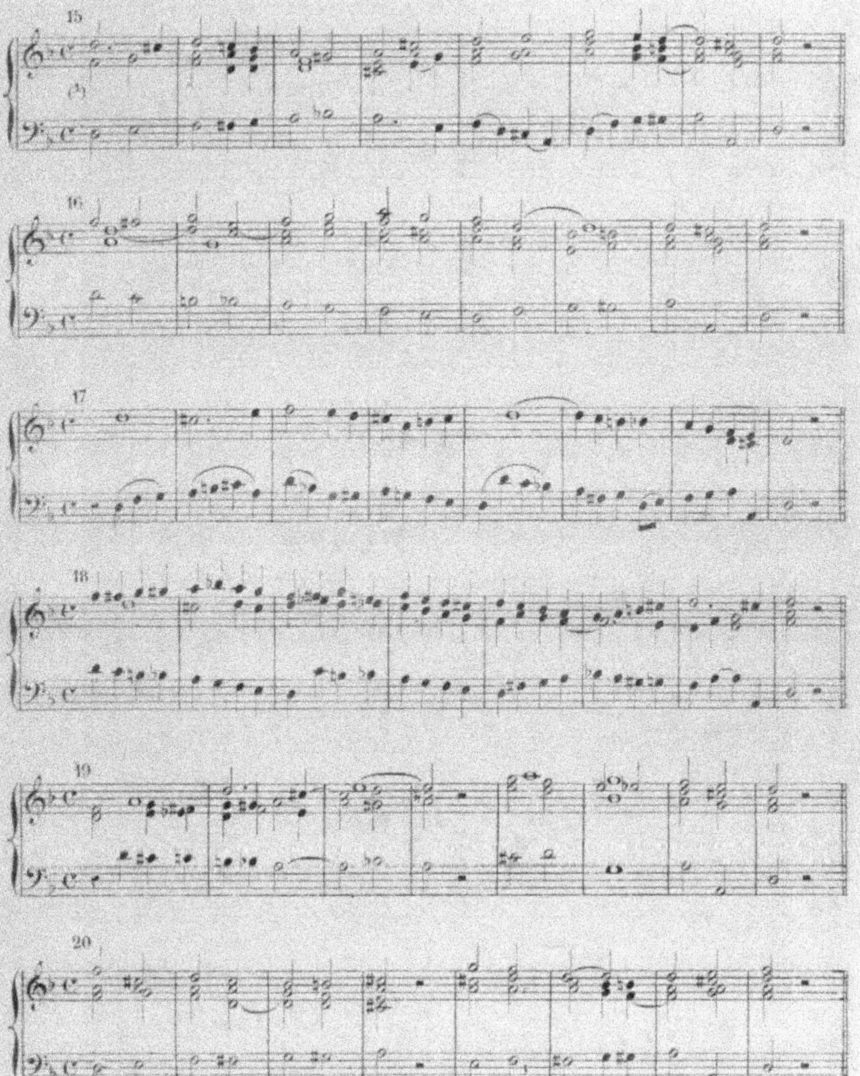

(1) Jouez la main droite à l'octave et doublez la basse aux N^os de large notation.
On peut jouer deux N^os de suite pour un entre-jeu.

EN FA MAJEUR.

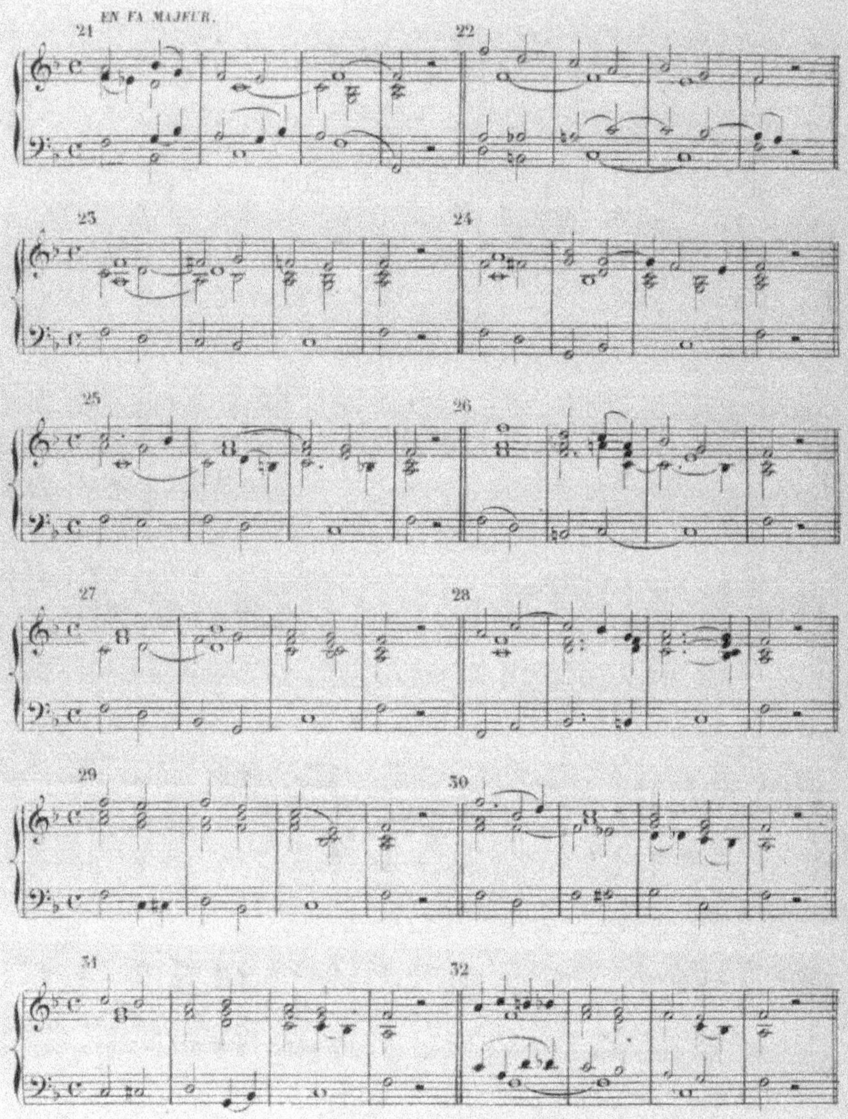

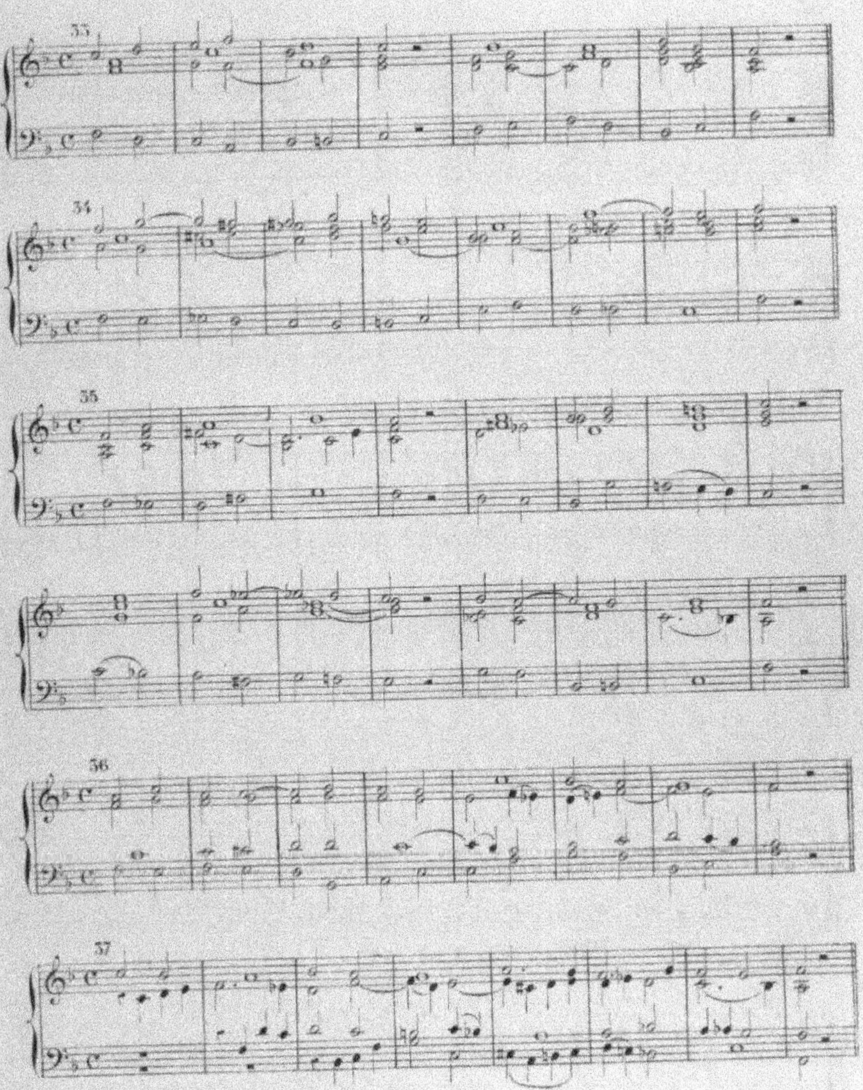

Quelques-uns de ces préludes peuvent être exécutés à deux temps.

EN SOL MAJEUR.

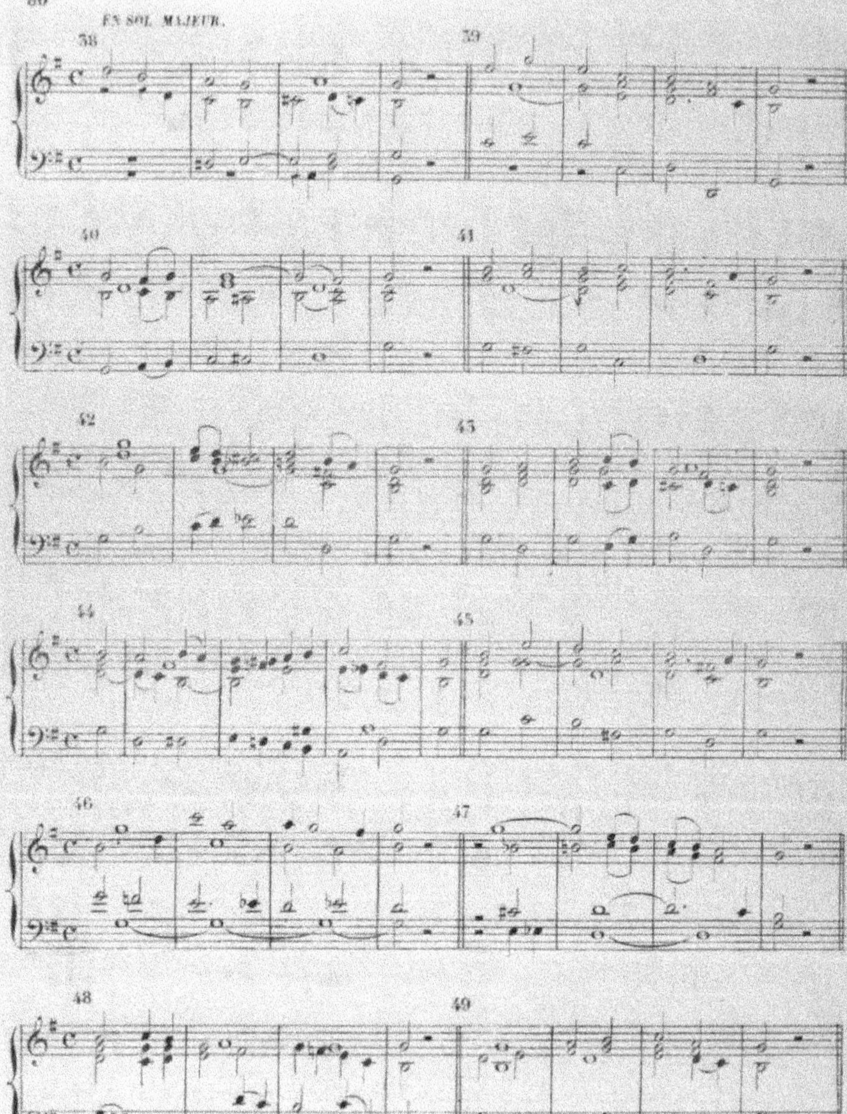

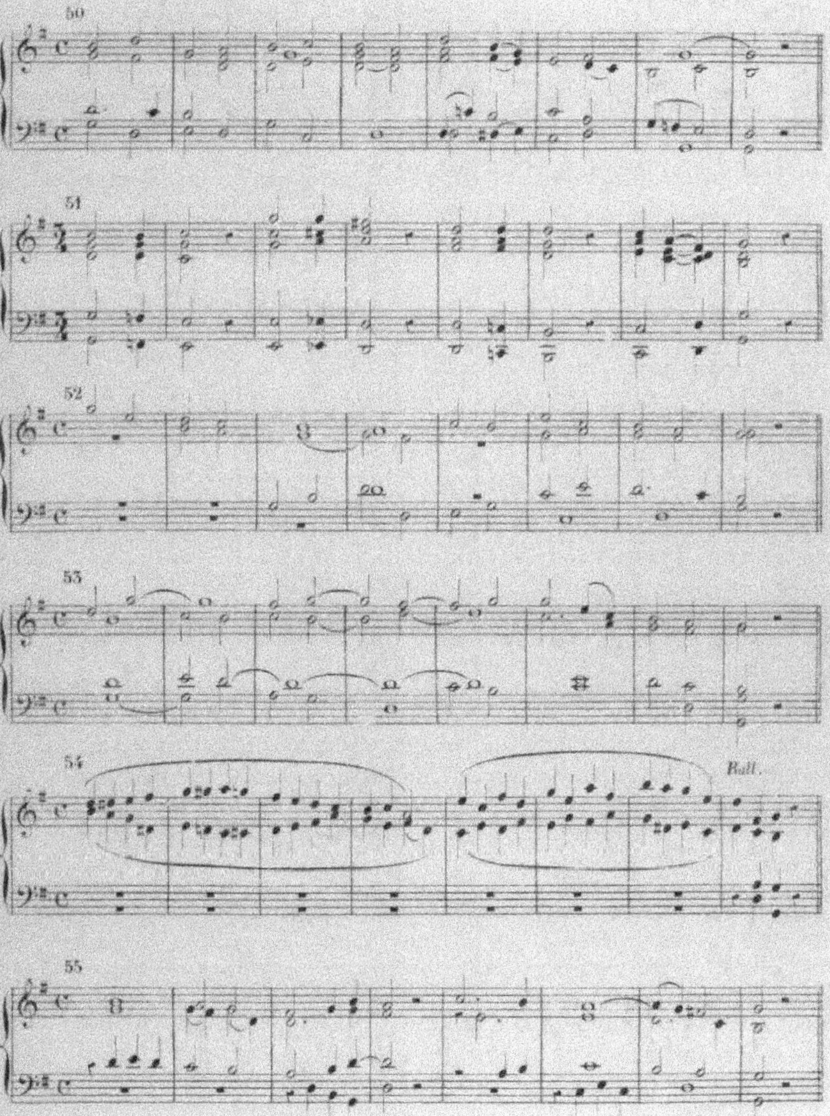

50

51

52

53

54

Rall.

55

EN LA MINEUR.

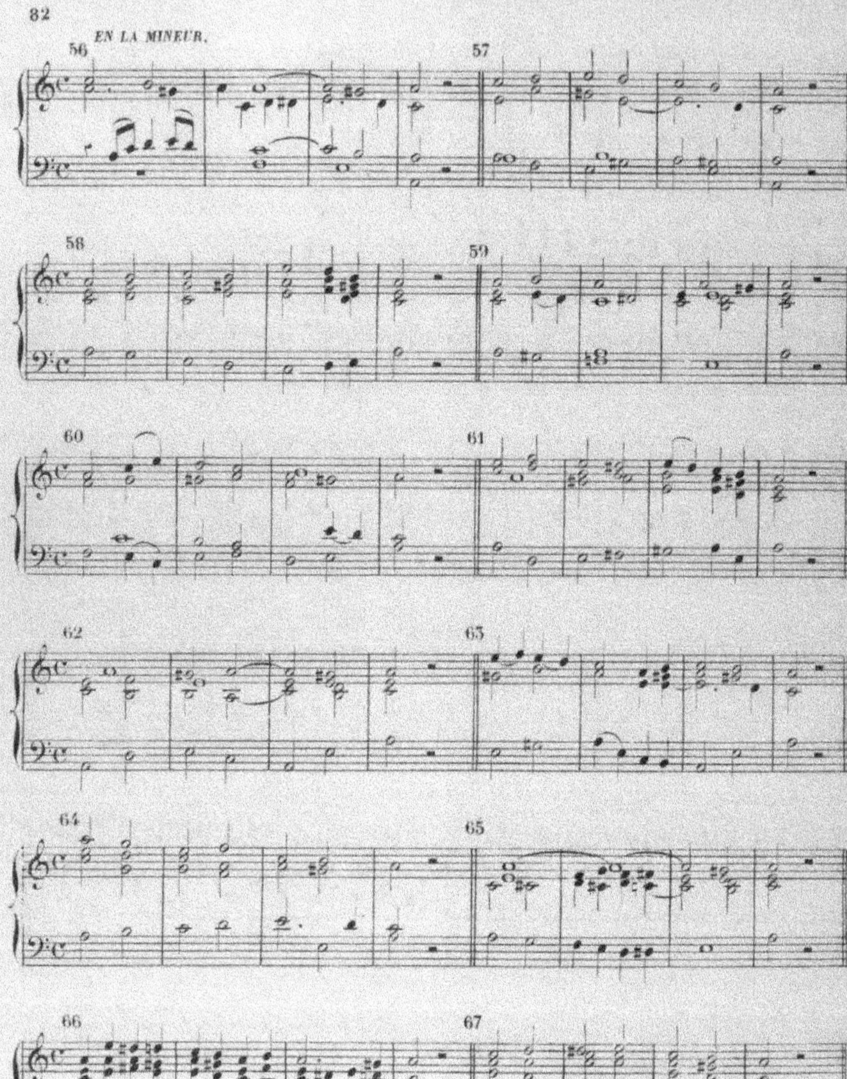

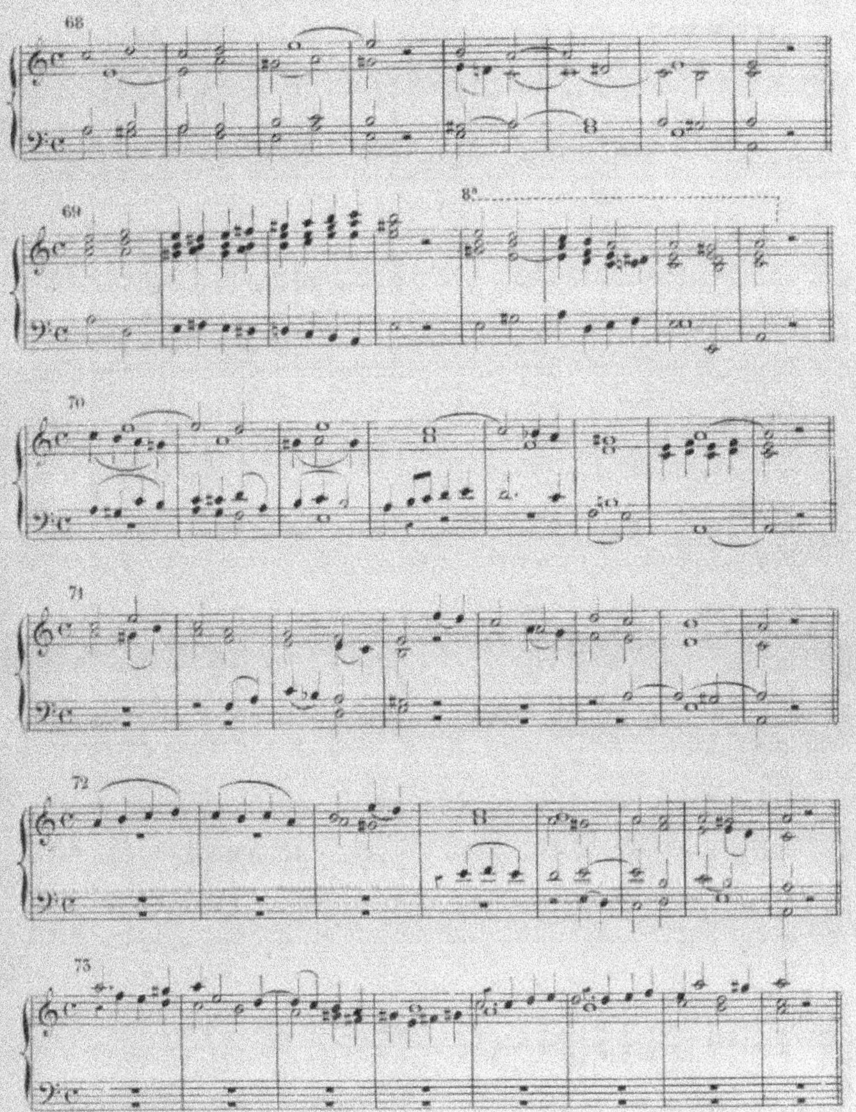
68
69
8a
70
71
72
73

EN RÉ MAJEUR.

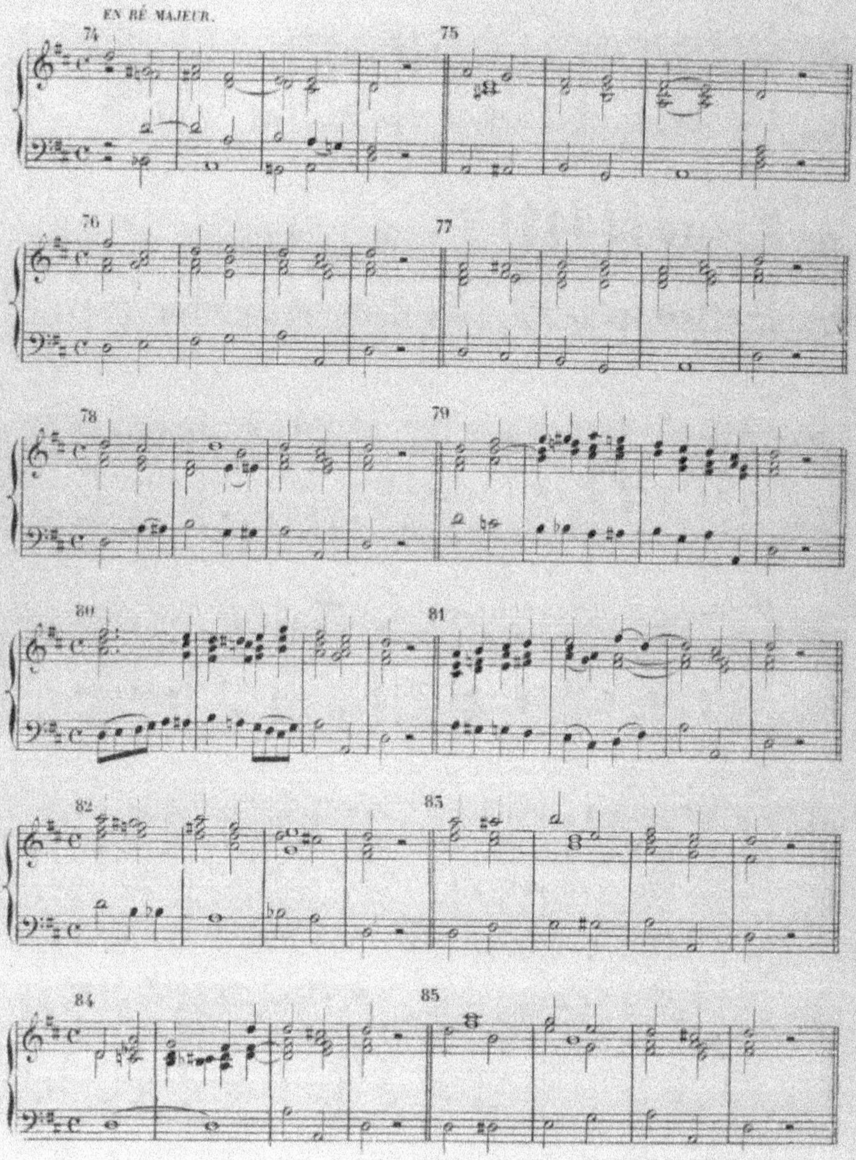

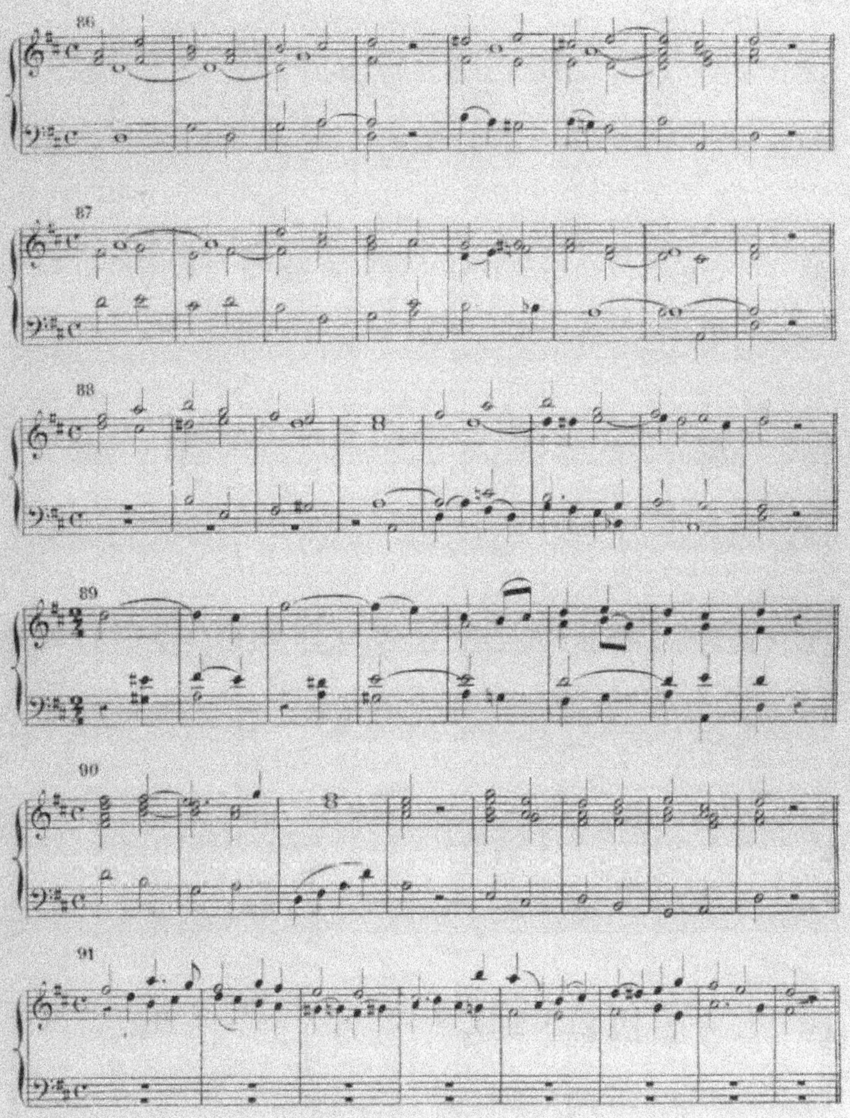
86
87
88
89
90
91

EN SI♭ MAJEUR.

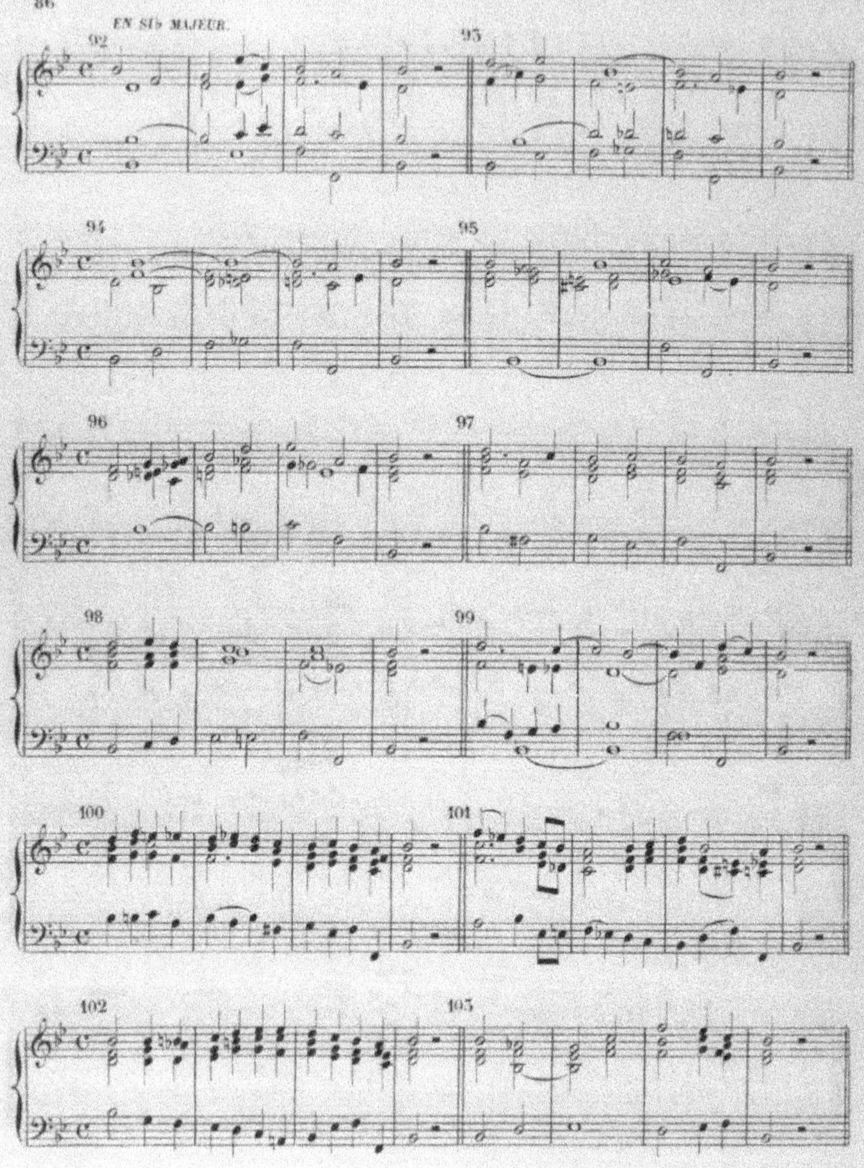

104

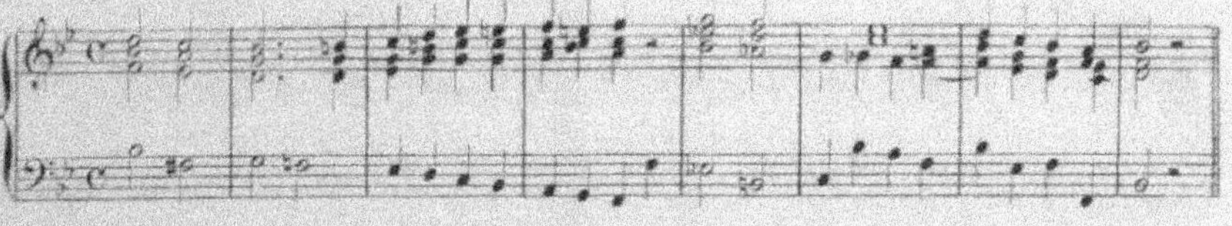

105

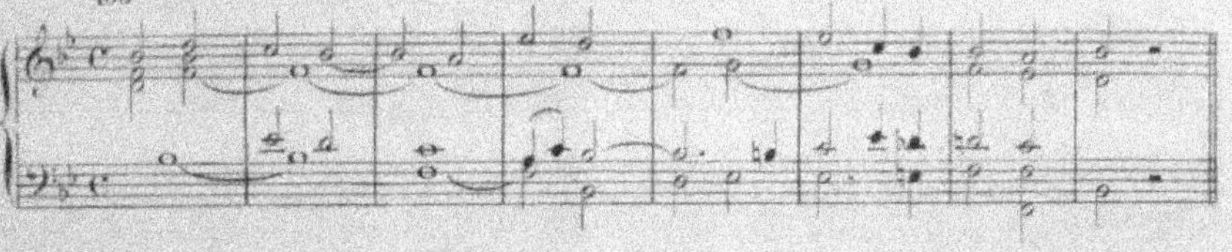

106

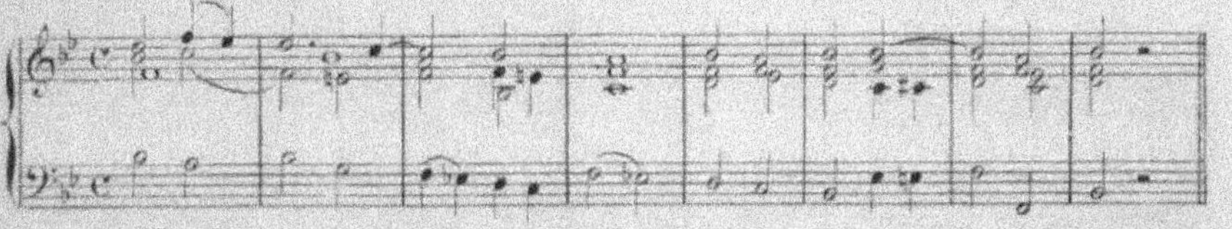

107

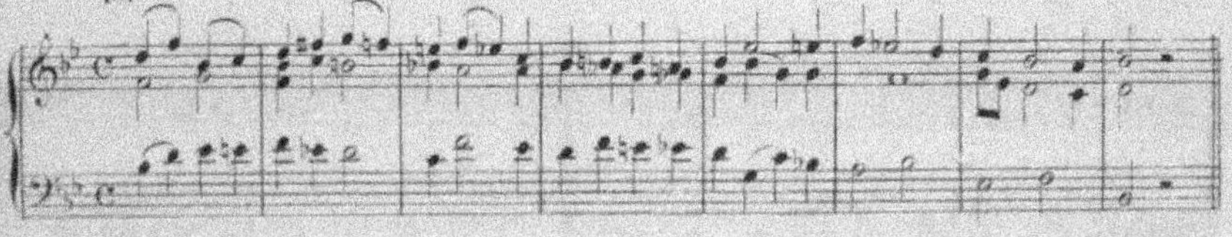

108

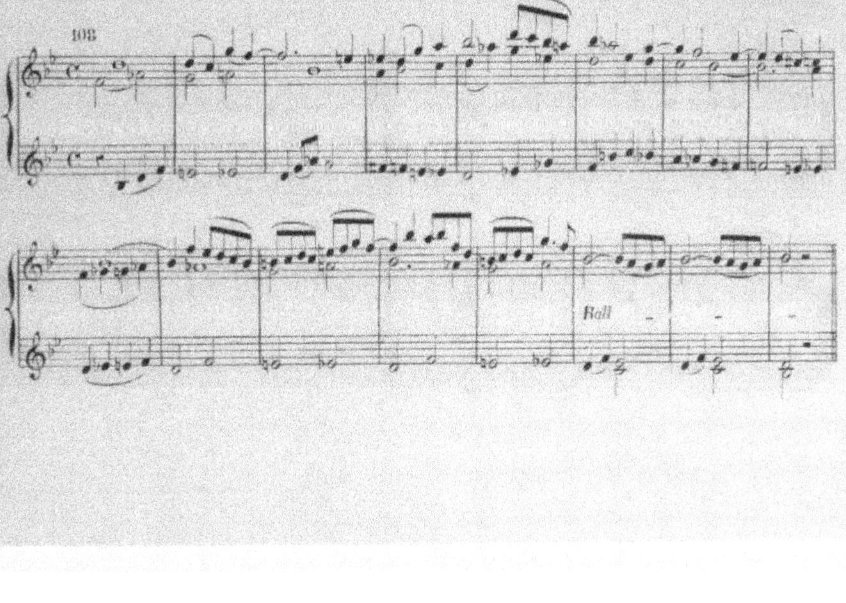

Rall

EN UT MAJEUR.

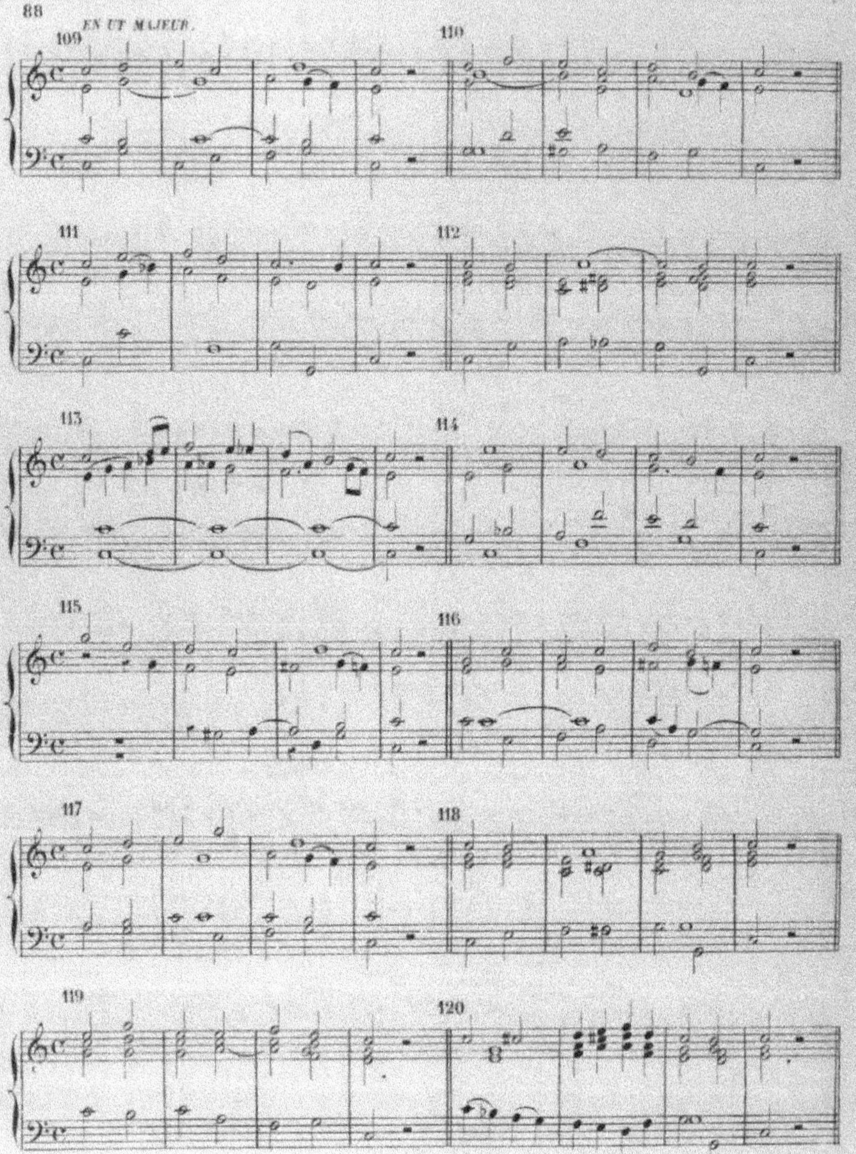

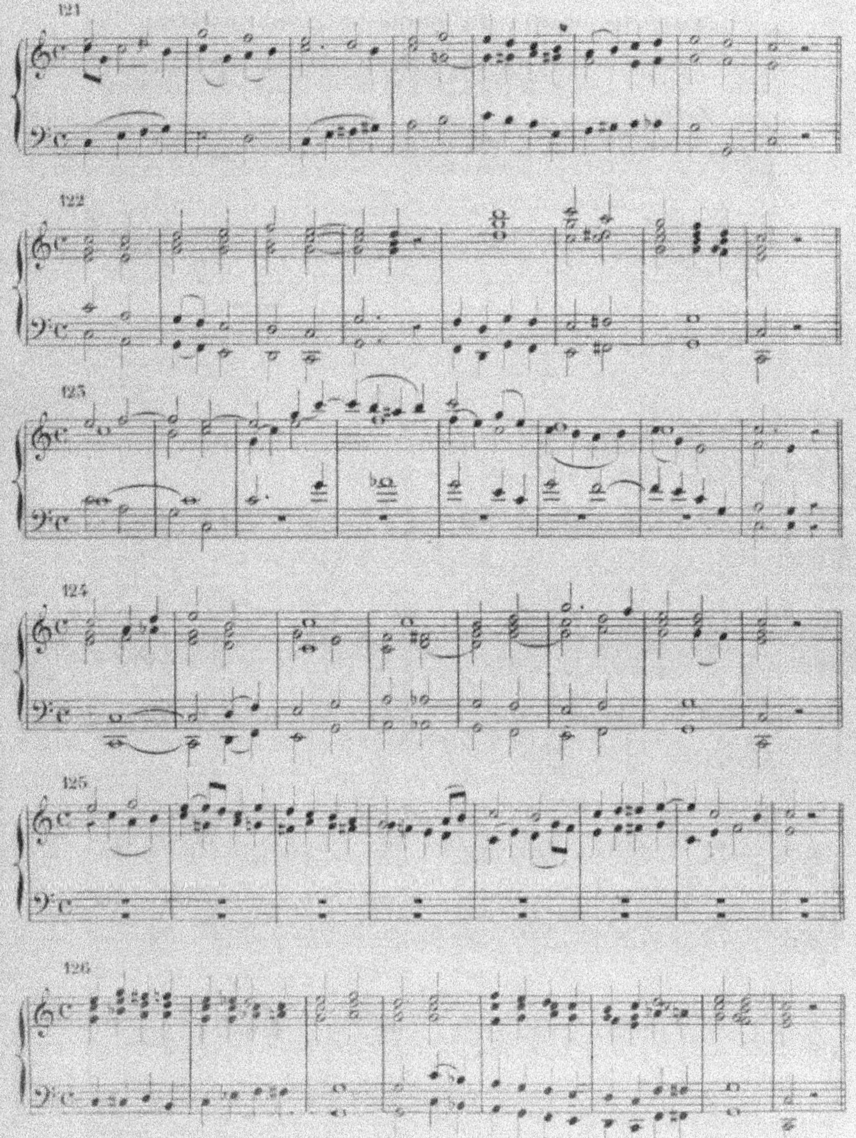
121
122
123
124
125
126

CHOIX DE MORCEAUX D'ORGUE et D'HARMONIUM.

Cette première série de morceaux, destinée au perfectionnement de l'élève, comprendra un ensemble de cent motifs gradués et variés.

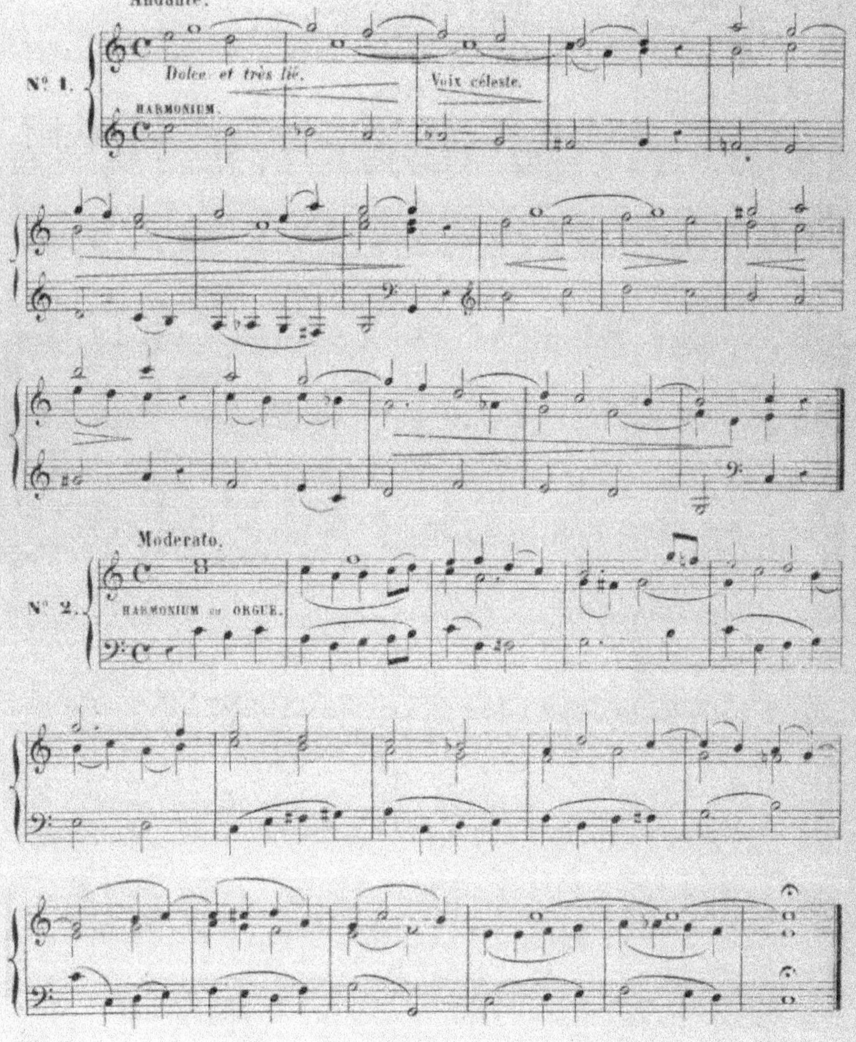

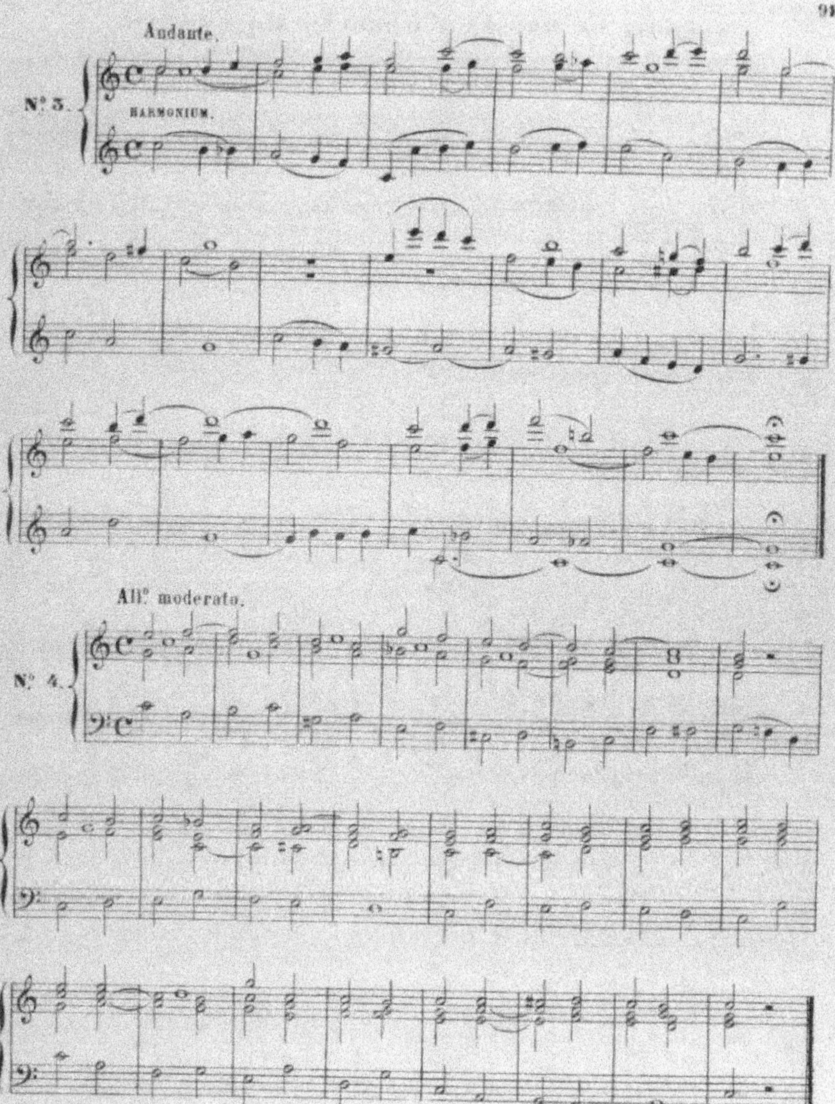

Ce N° peut être exécuté, à l'harmonium, à l'octave de la main droite et avec basse doublée de la main gauche.

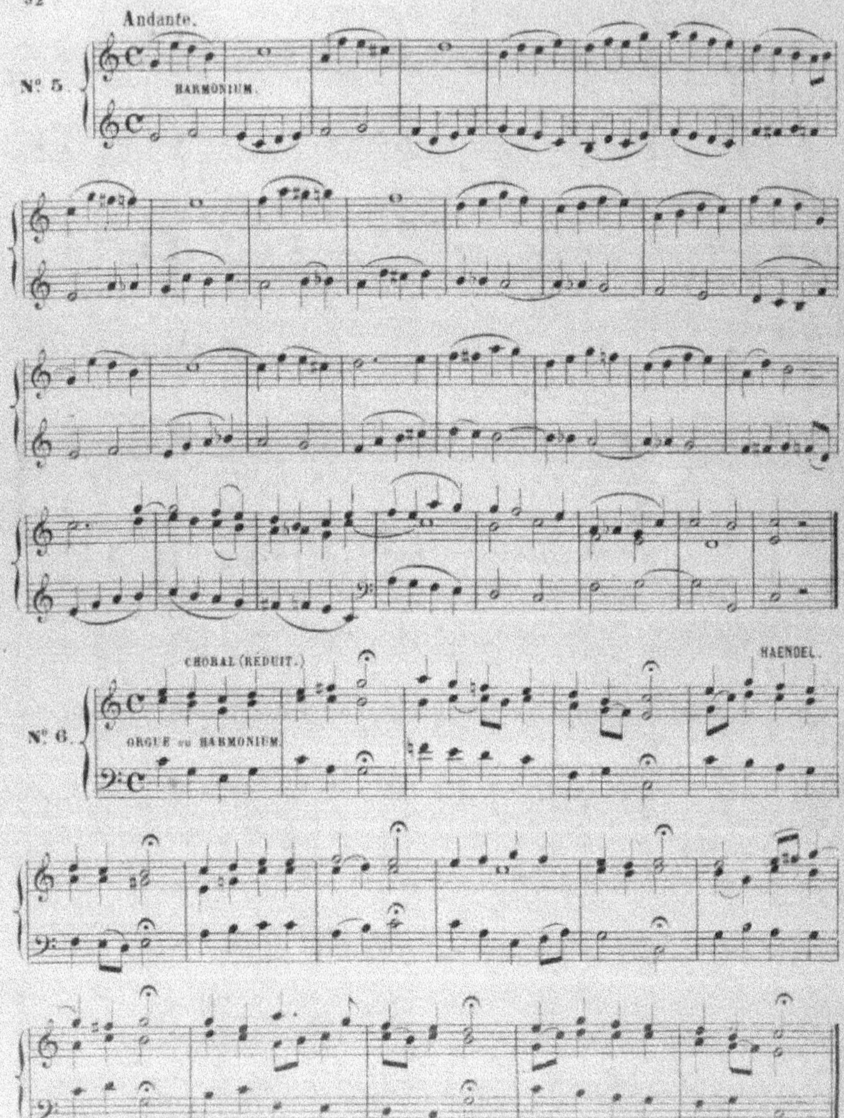
Andante.
Nº 5.
HARMONIUM.
CHORAL (RÉDUIT.)
HAENDEL.
Nº 6.
ORGUE ou HARMONIUM.

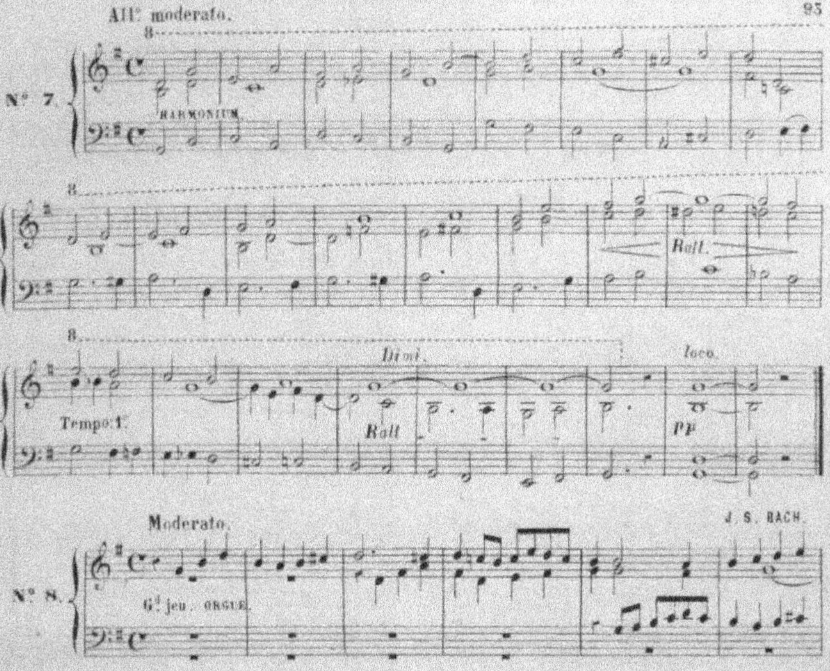

All° moderato.

N° 7.

HARMONIUM.

Rall.

Dimi.

loco.

Tempo 1°.

Rall

PP

Moderato. J. S. BACH.

N° 8.

G^d jeu. ORGUE.

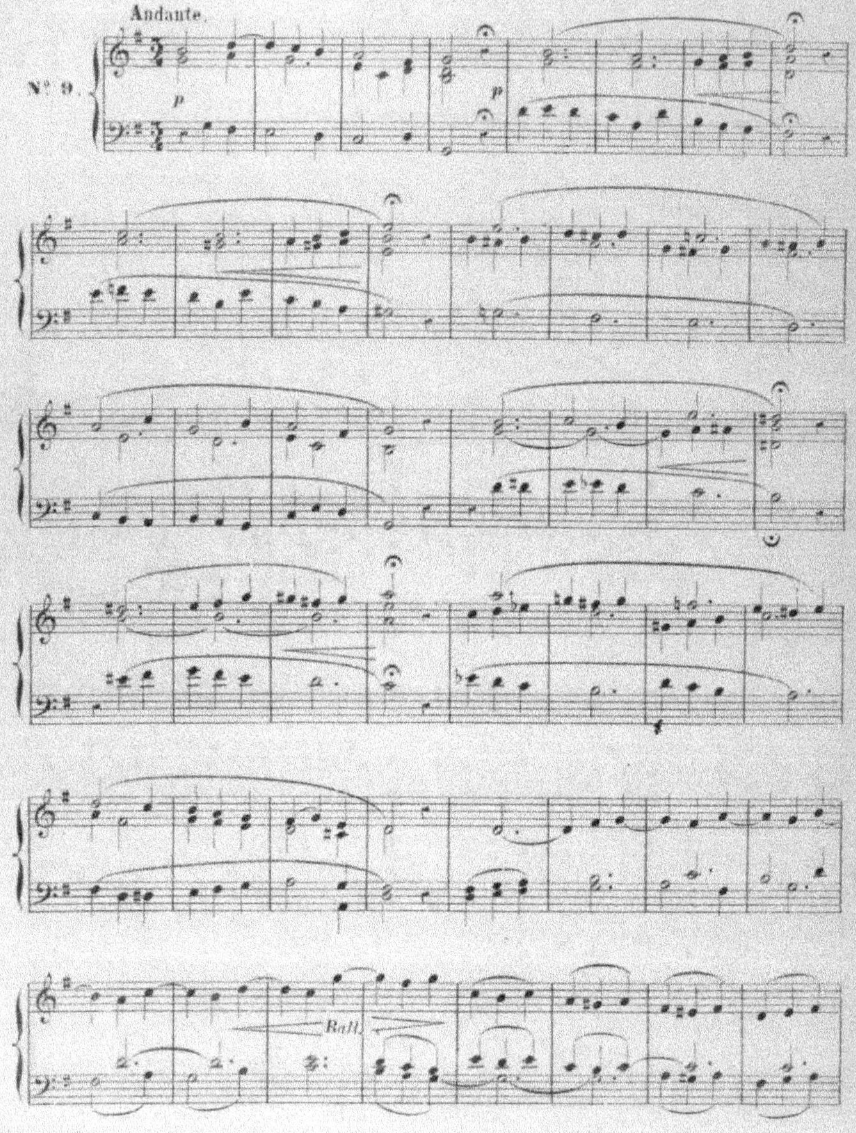
Andante.
N° 9.
p
p
Rall.

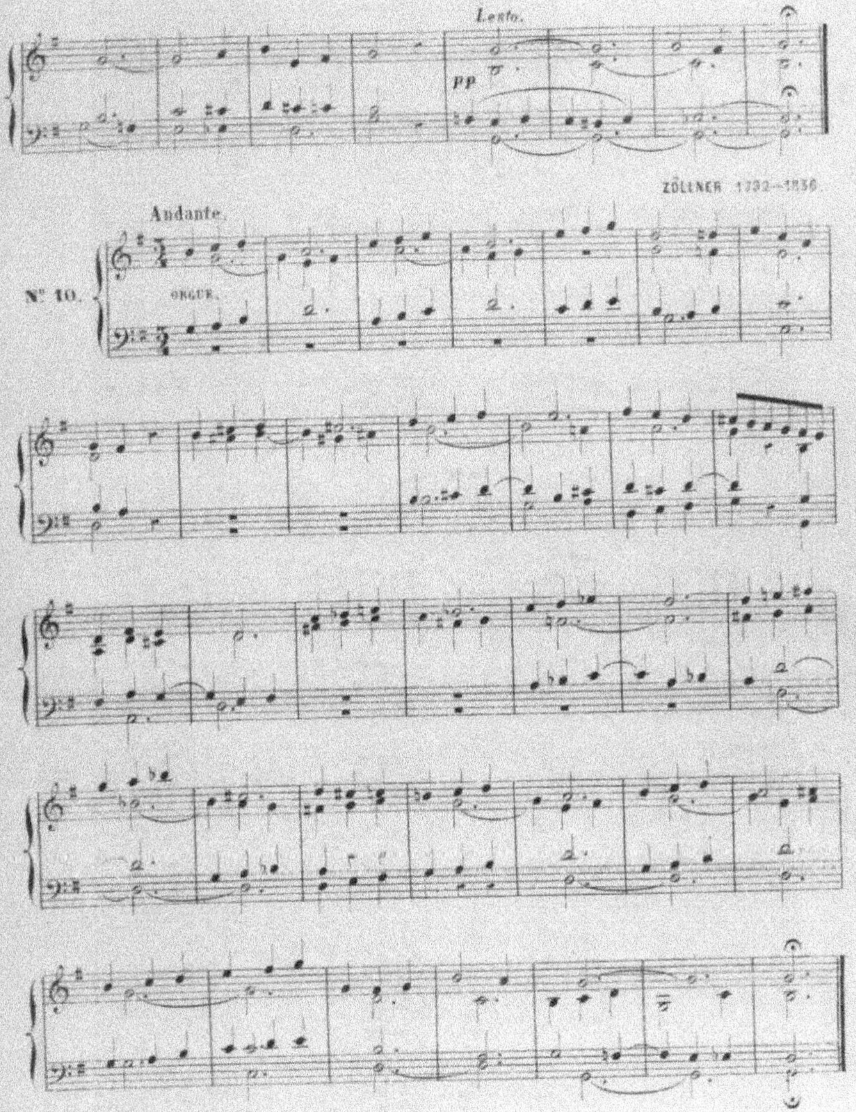
Lento.
pp
ZÖLLNER
Andante.
Nº 10.
ORGUE.

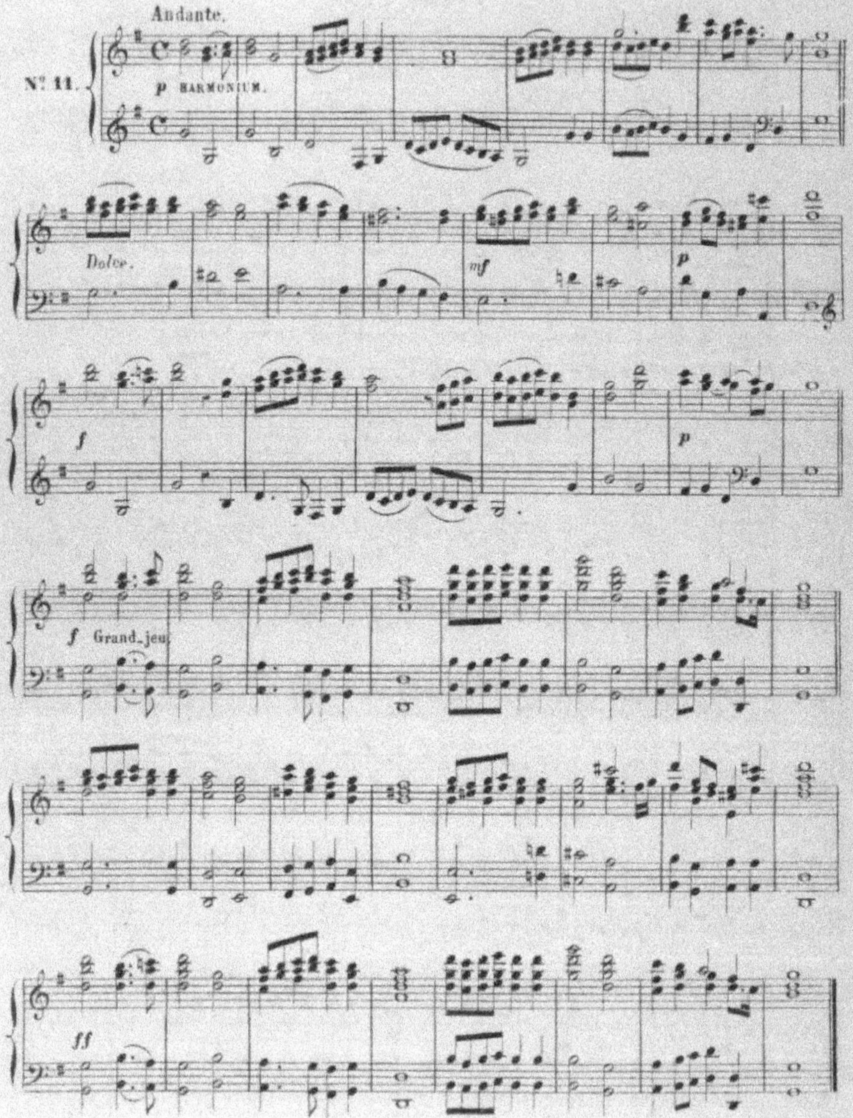
Andante.
Nº 11.
p HARMONIUM.
Dolce.
mf
p
f
p
f Grand-jeu.
ff

ÉTUDE 1re (*)

Moderato

N° 12.

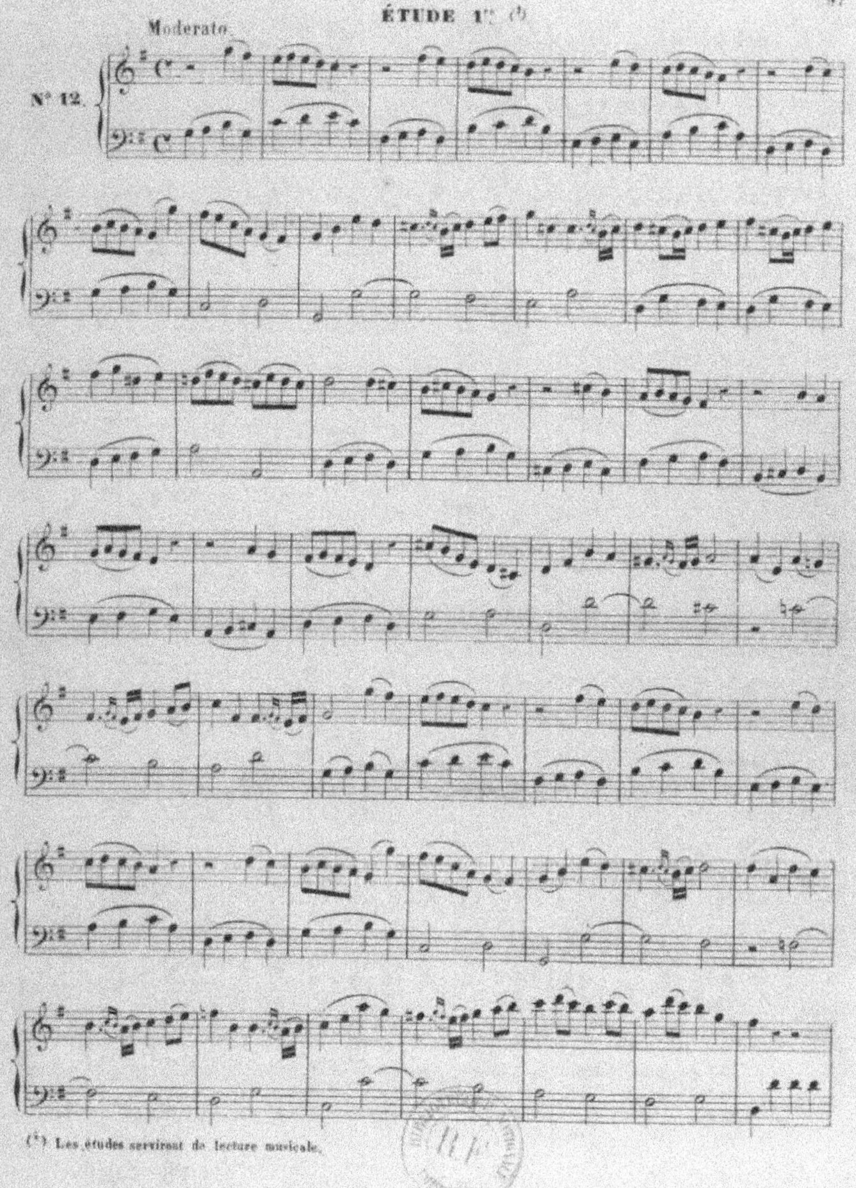

(*) Les études serviront de lecture musicale.

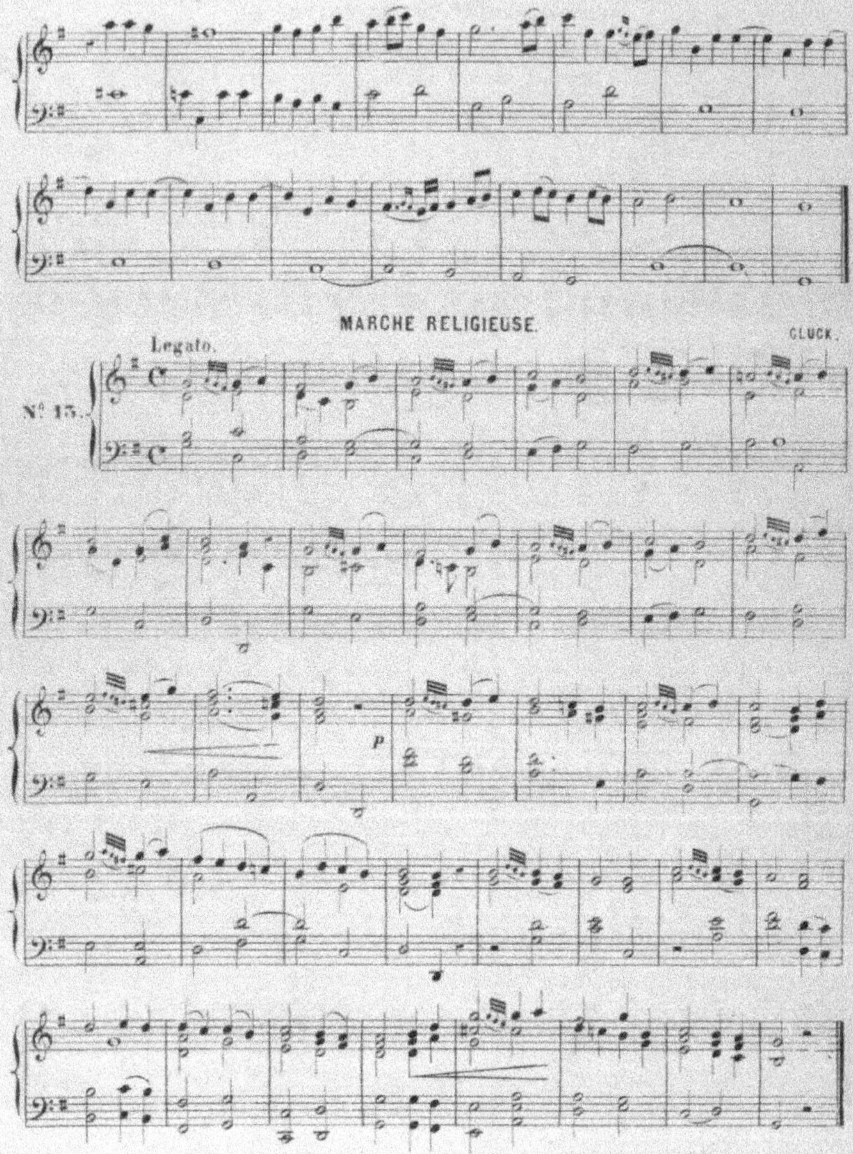
MARCHE RELIGIEUSE.
GLUCK.
Legato.
N° 15.
p

ACCOMPAGNEMENT DE L'OFFERTOIRE N°3.

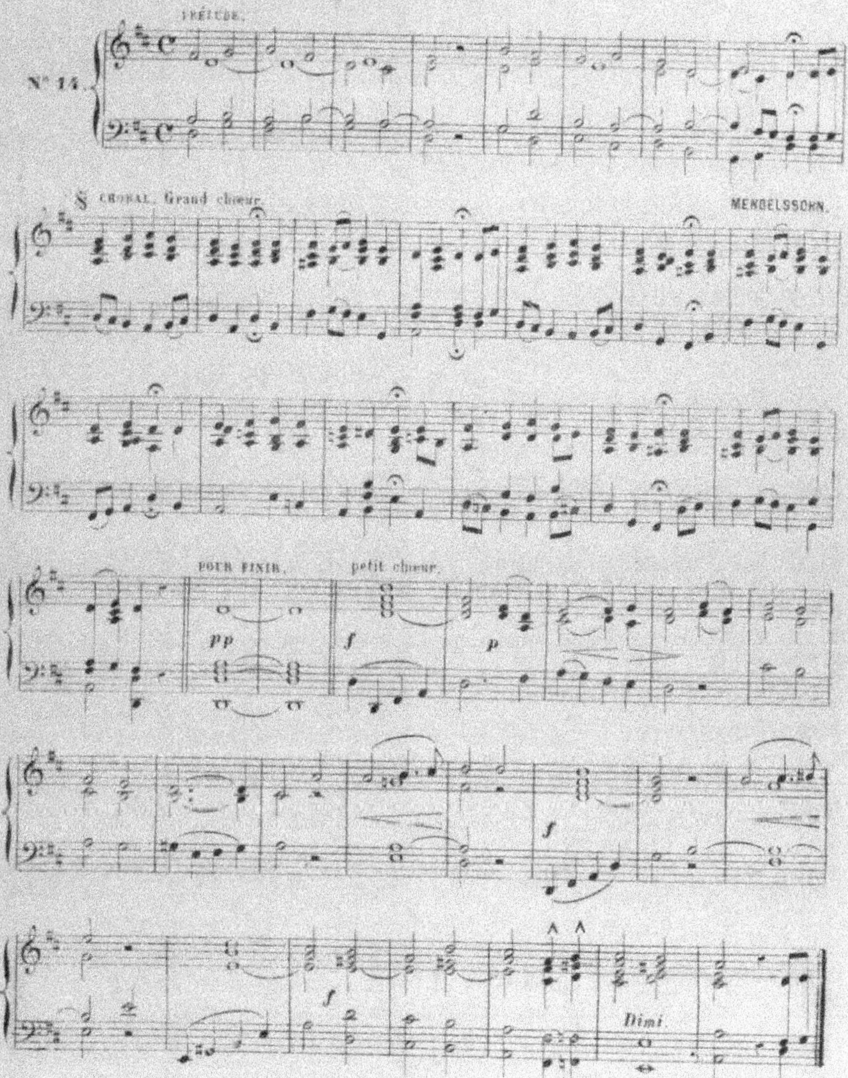

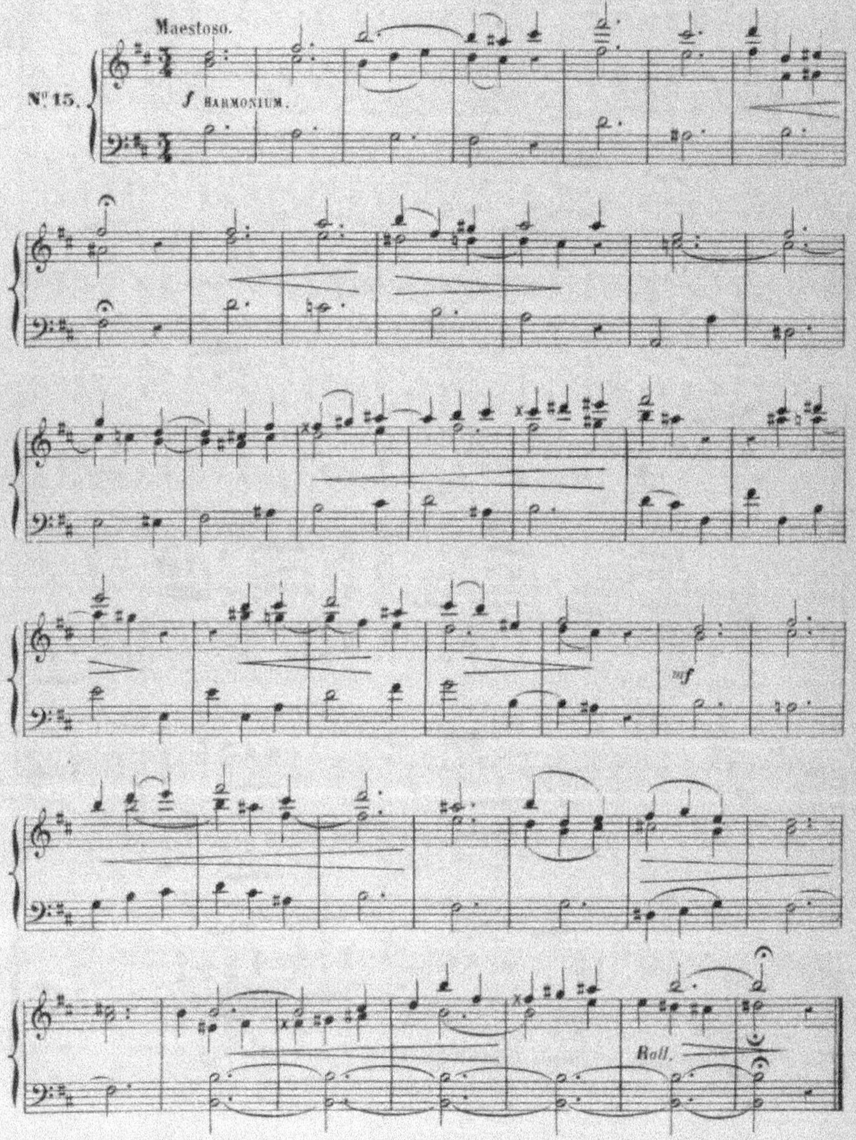
Maestoso.
Nº 15.
f HARMONIUM.
mf
Roll.

HAENDEL.

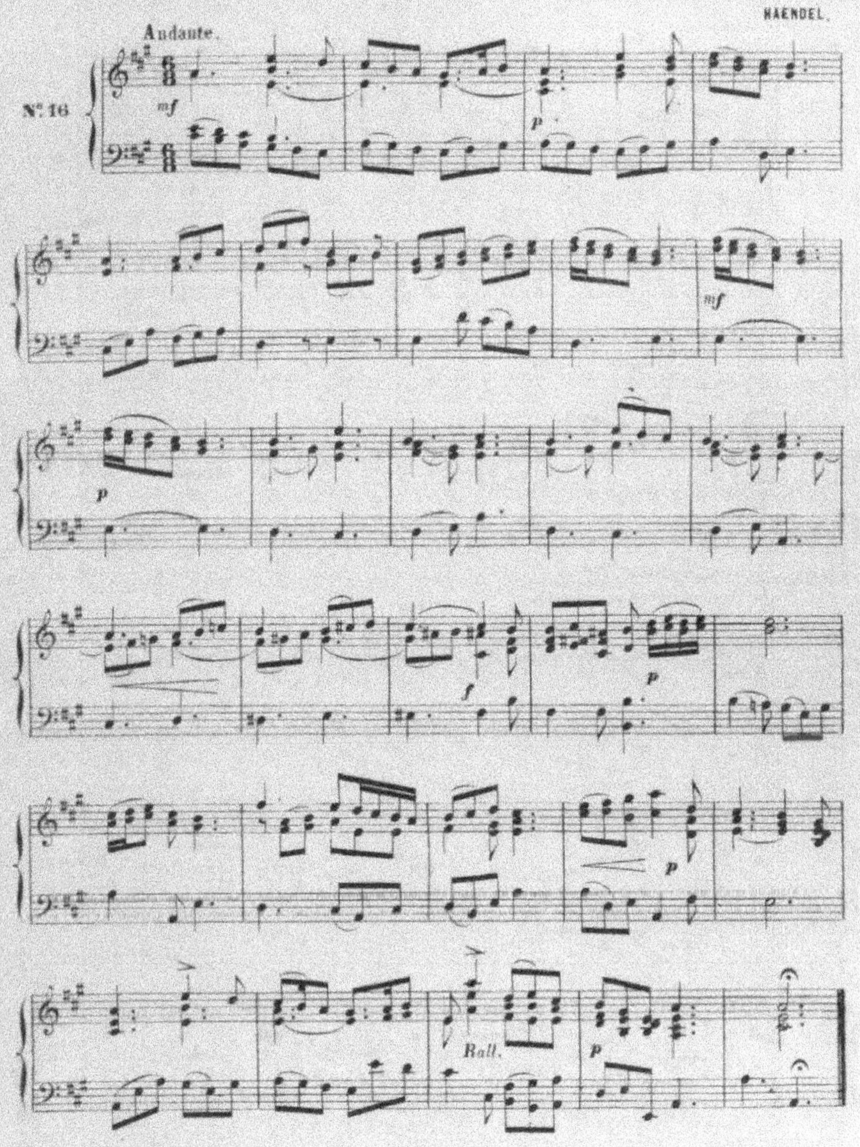

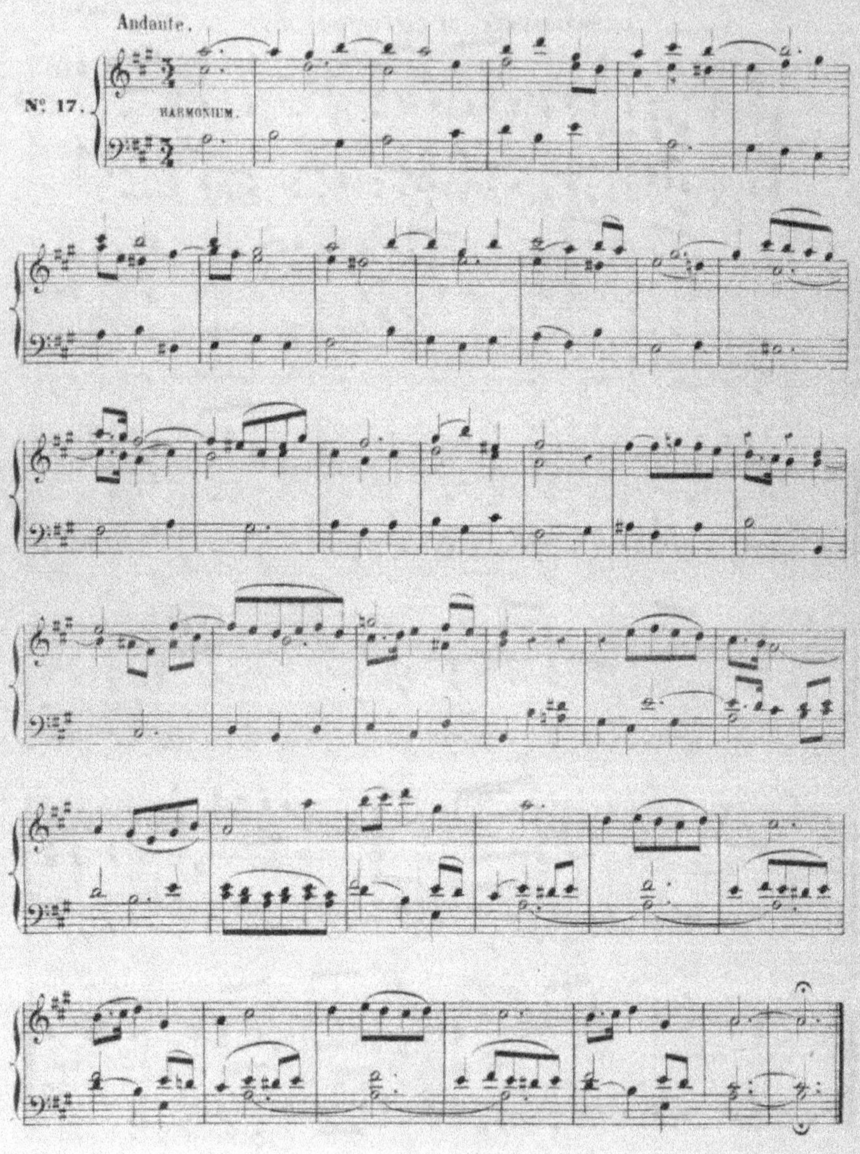
Andante.
Nº 17.
HARMONIUM.

ACCOMPAGNEMENT DE L'OFFERTOIRE N° 2

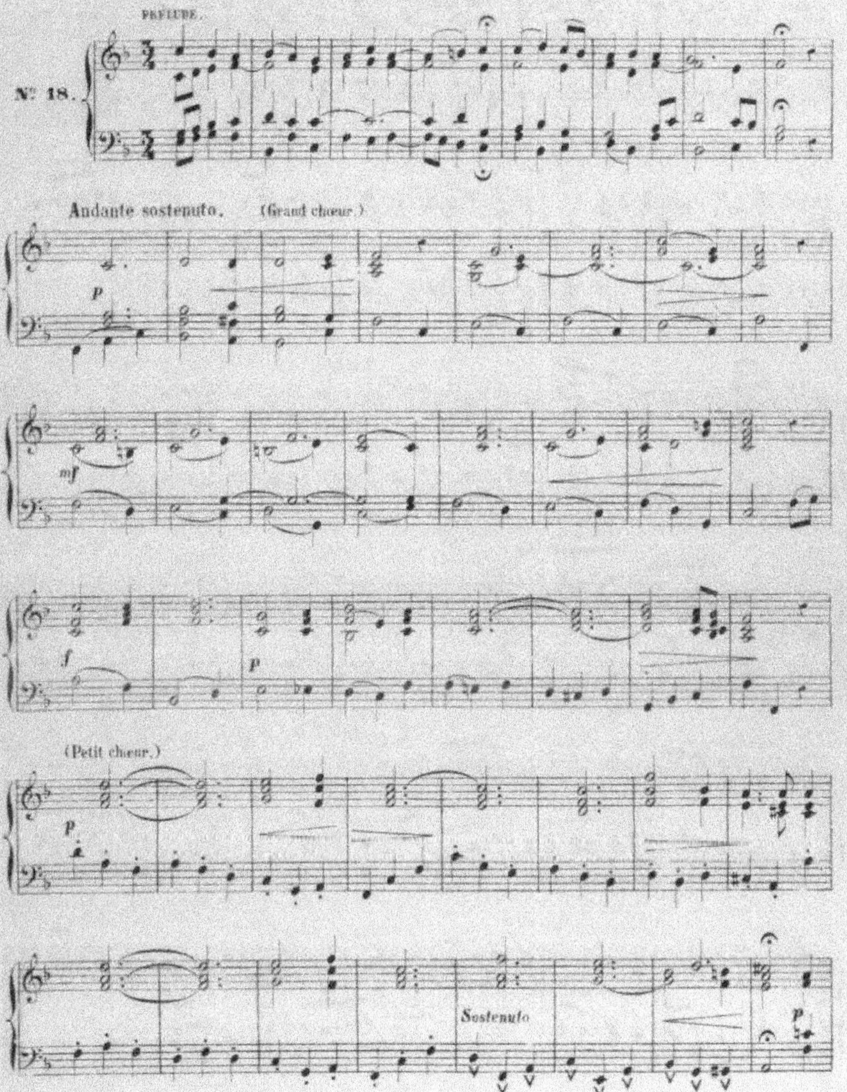

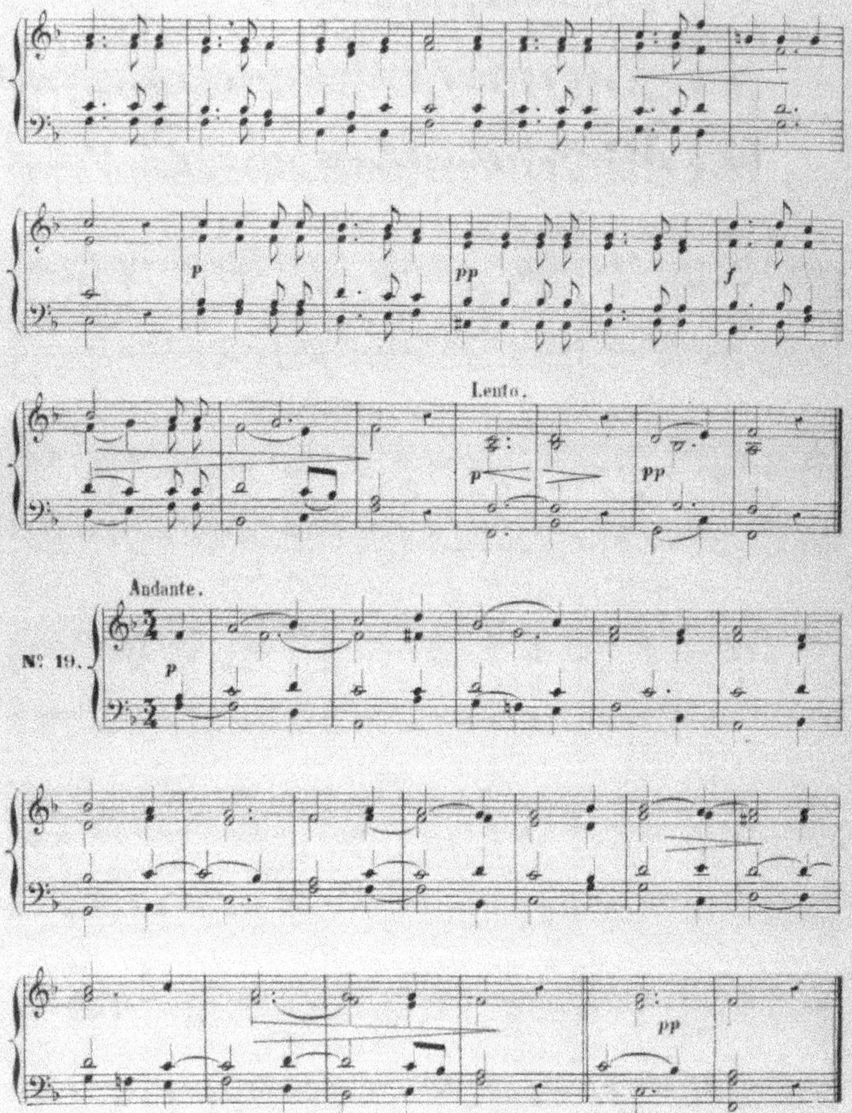
p
pp
f
Lento.
p
pp
Andante.
Nº 19.
p
pp

ÉTUDE 2e

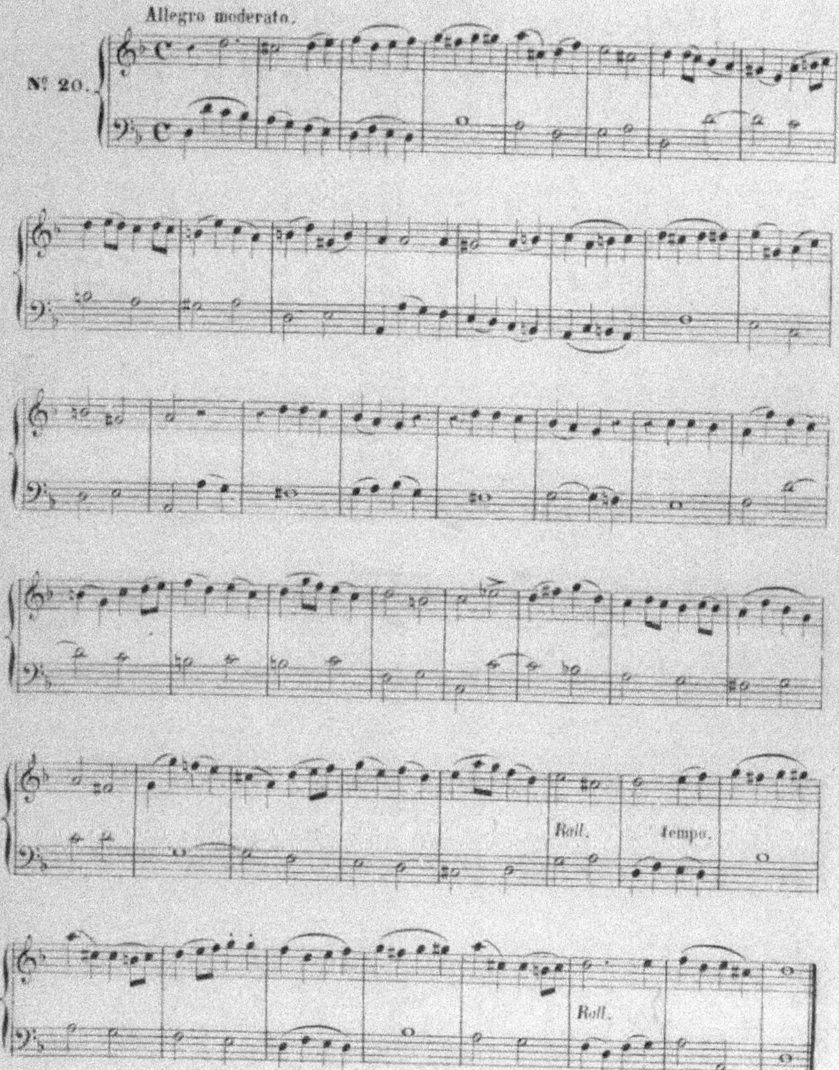

Moderato.

N° 21

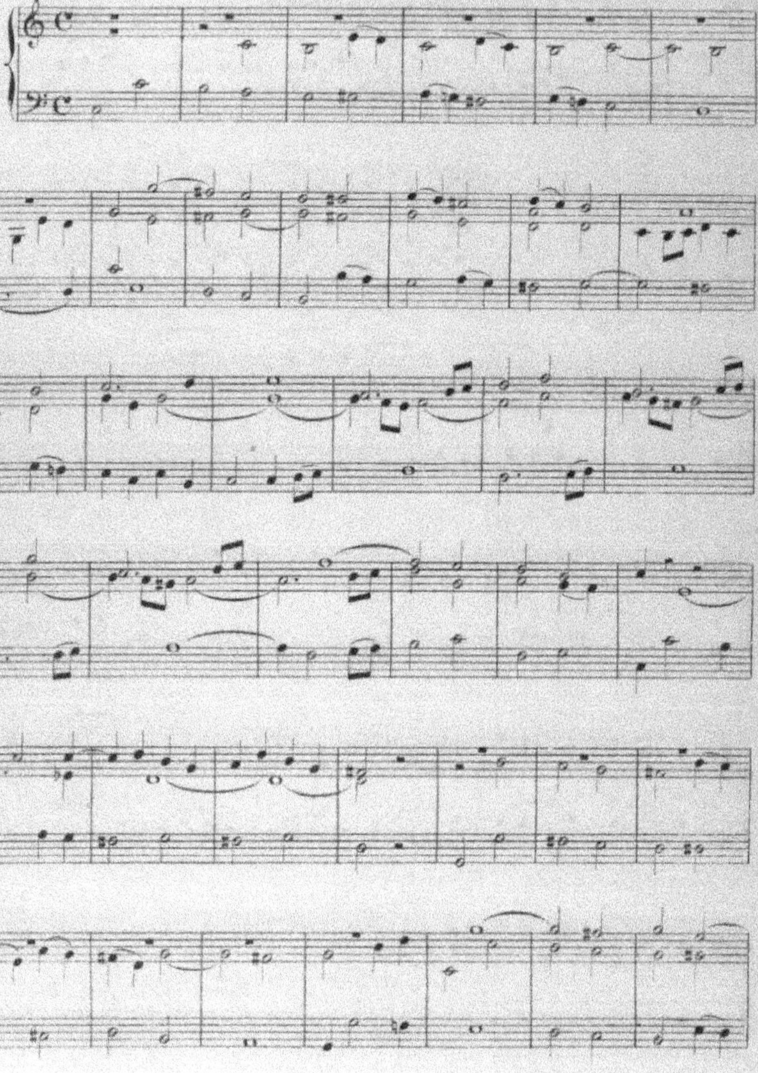

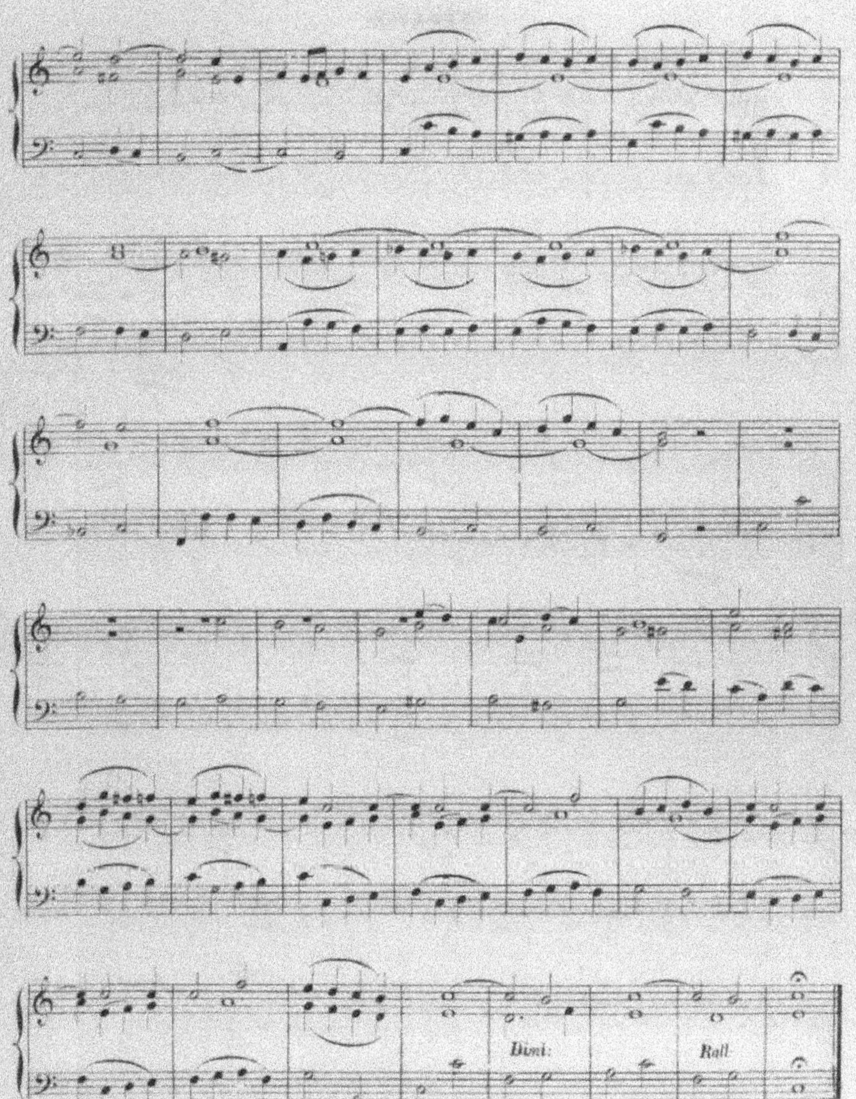
Dimi:
Rall:

ÉTUDE 4e

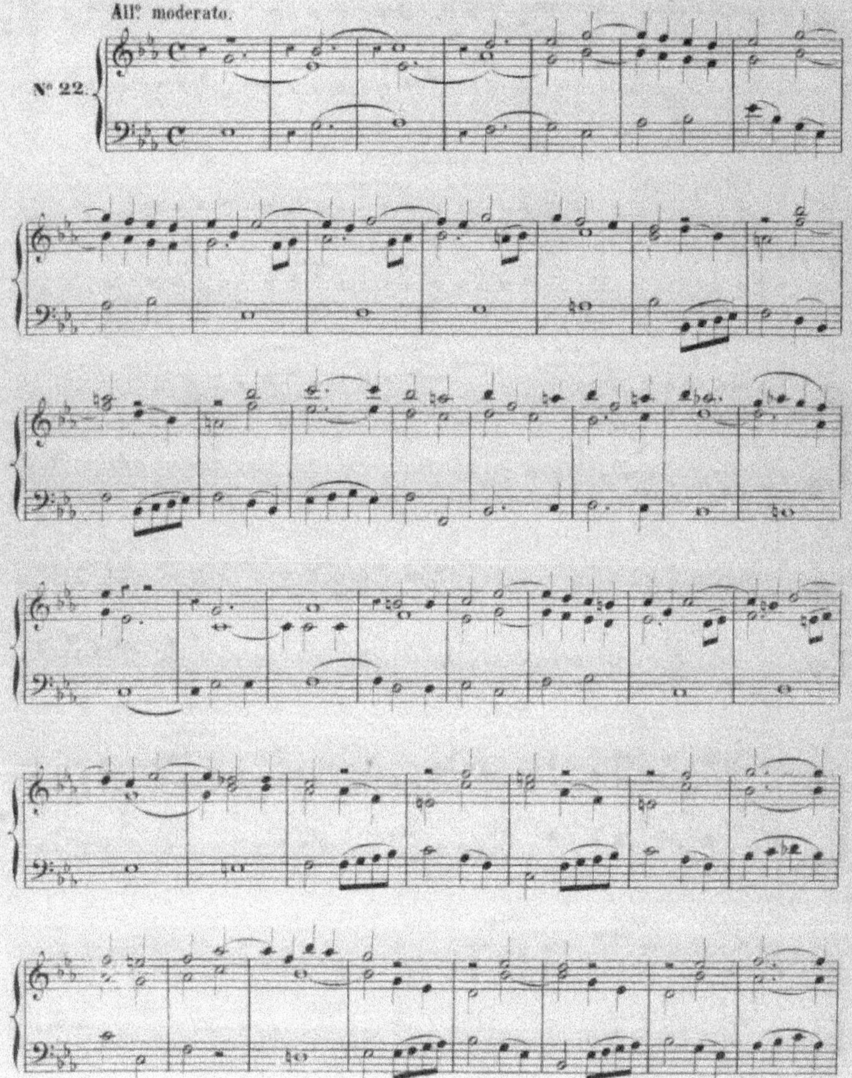

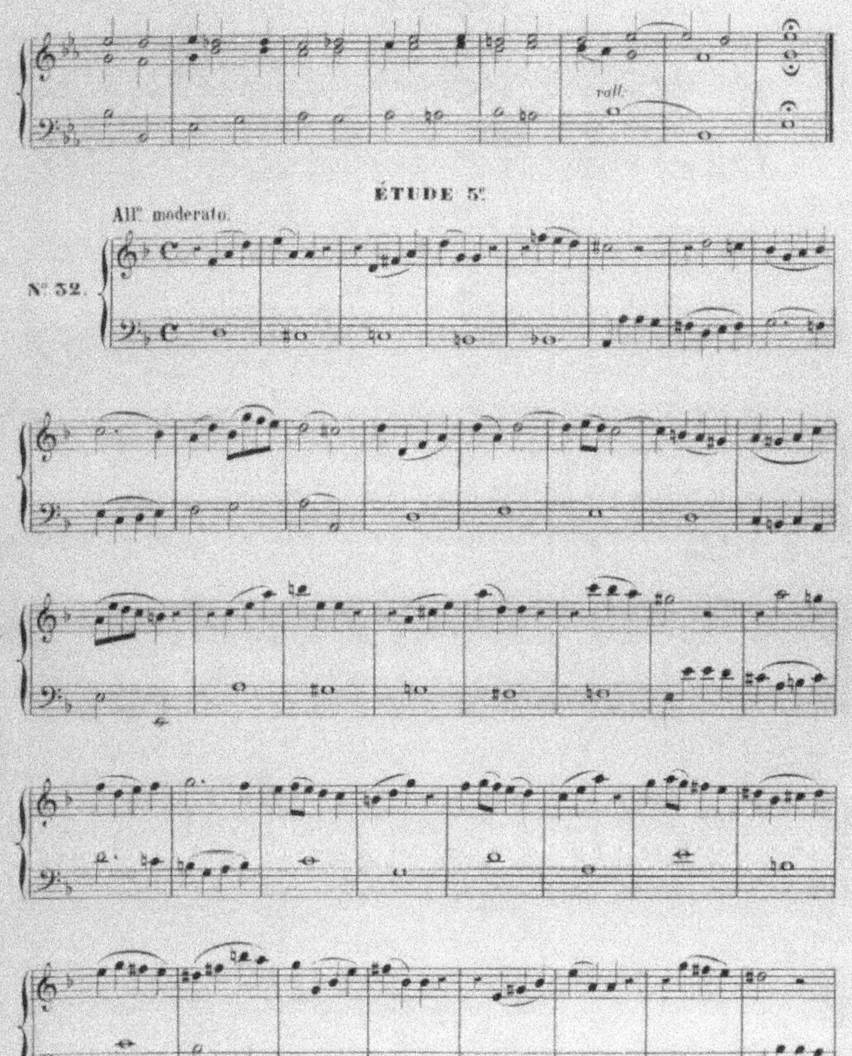
rall.
ÉTUDE 5e
All° moderato.
N° 32.

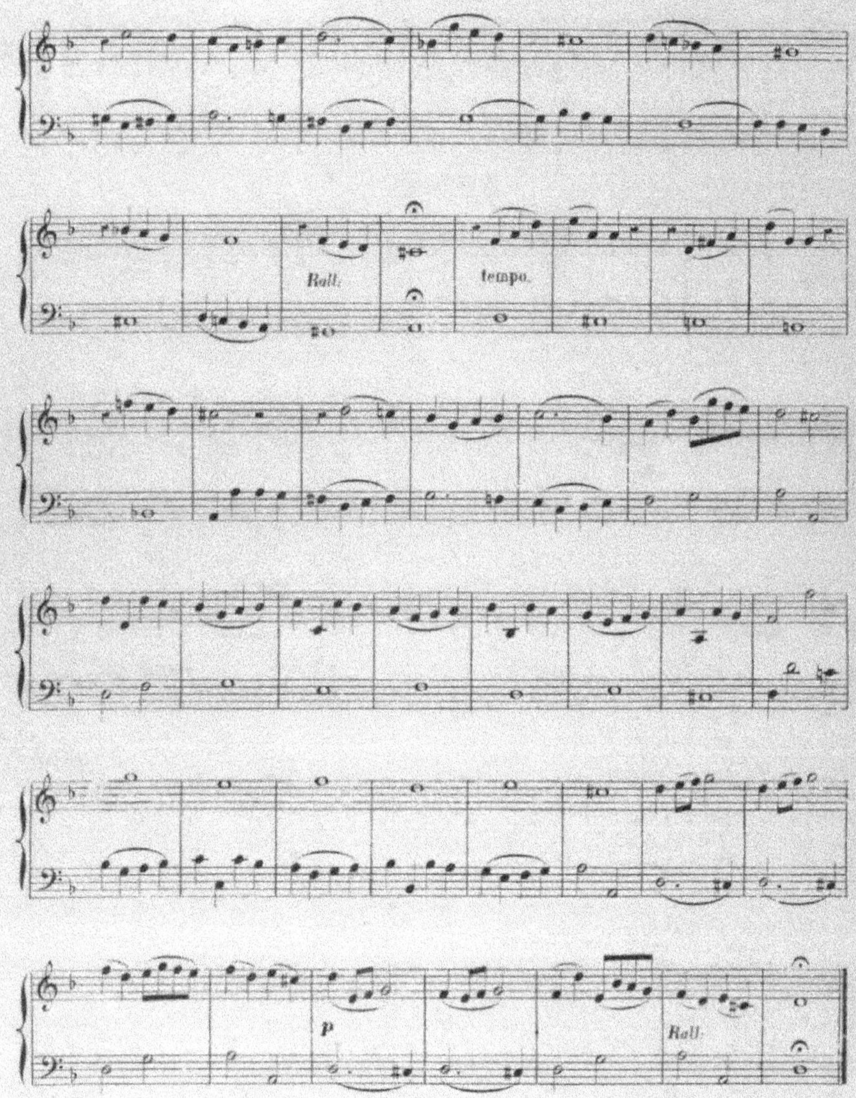
Rall.
tempo.
p
Rall.

MARCHE RELIGIEUSE

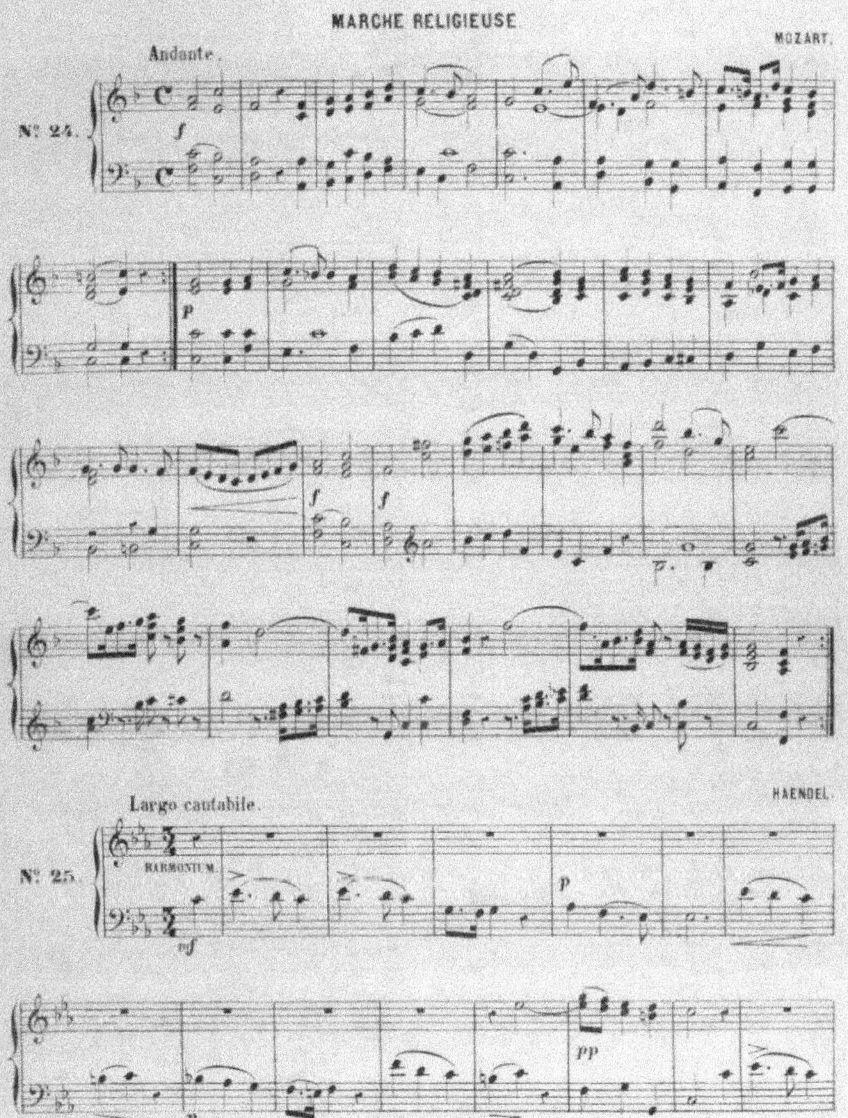

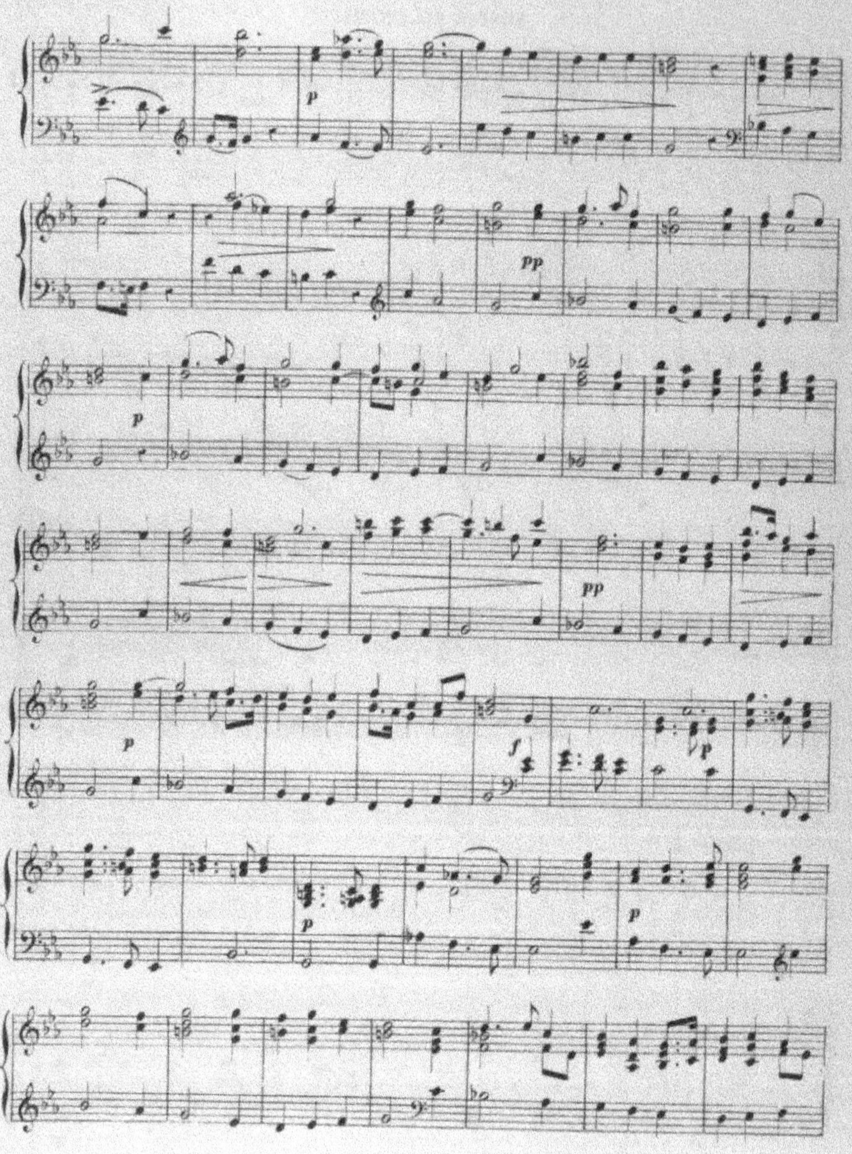
p
pp
p
pp
p
f
p
p
p

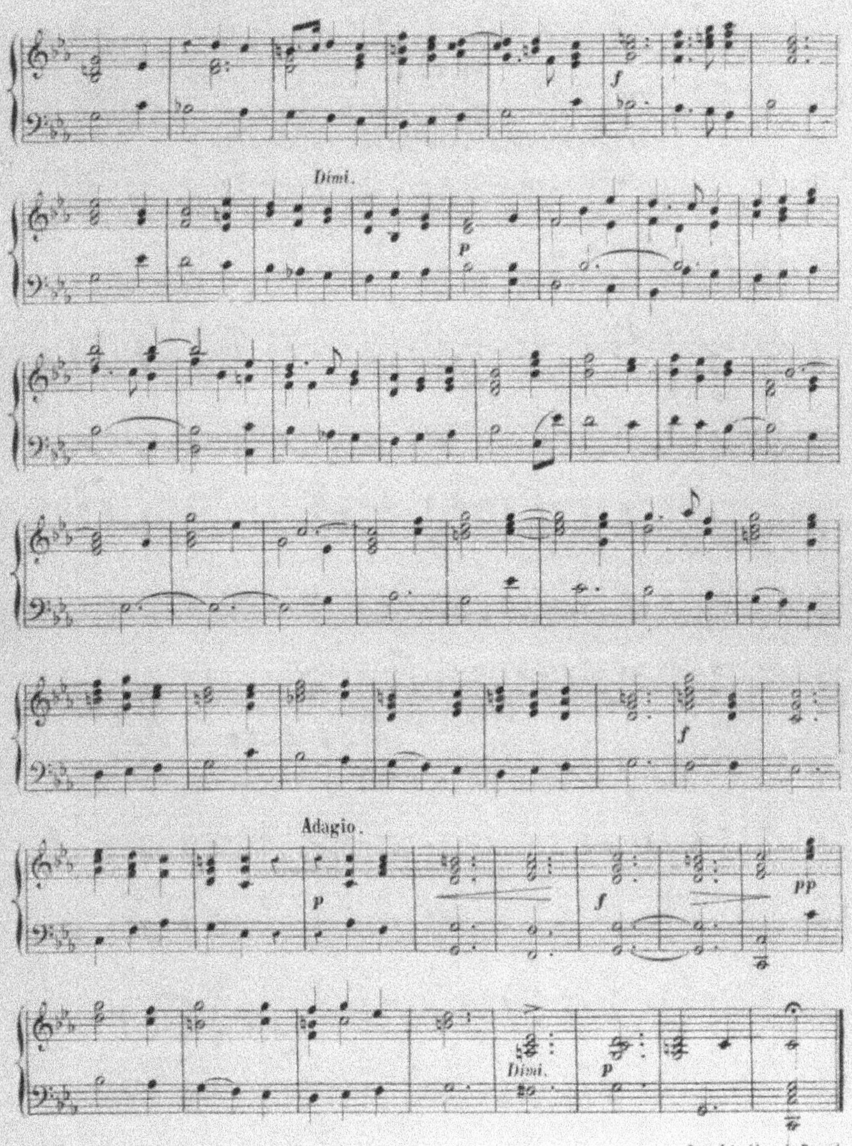

L. Bodet grav: 10, r. Jacob.

Imp: Joly, 14, r. du Renard.

TABLE

PREMIÈRE PARTIE.

ETUDE ET EMPLOI ET L'ACCORD CONSONNANT

SECONDE PARTIE.

www.ingramcontent.com/pod-product-compliance
Ingram Content Group UK Ltd.
Pitfield, Milton Keynes, MK11 3LW, UK
UKHW020921180726
13838UKWH00002B/685

9 782329 260495